Couvertures supérieure et inférieure
en couleur

ESQUISSE

D'UNE

HISTOIRE
DE LA LOGIQUE,

SUIVIE

D'UNE ANALYSE ÉTENDUE

DE

l'Organum d'Aristote.

Par Ad. FRANCK,

PROFESSEUR DE PHILOSOPHIE.

Paris.

LIBRAIRIE CLASSIQUE DE L. HACHETTE,
Rue Pierre-Sarrazin, n° 12.

M. DCCC. XXXVIII.

Pour mon traité de la logique, voir l'introduction placée en tête de la logique de Destutt Tracy.

R.

ESQUISSE

D'UNE

HISTOIRE

DE LA LOGIQUE.

SAINT-NICOLAS (Meurthe), IMPRIMERIE DE PROSPER TRENEL.

ESQUISSE

D'UNE

HISTOIRE

DE LA LOGIQUE,

PRÉCÉDÉE

D'UNE ANALYSE ÉTENDUE

DE

l'Organum d'Aristote.

Par Ad. FRANCK,

PROFESSEUR DE PHILOSOPHIE.

Paris.

LIBRAIRIE CLASSIQUE DE L. HACHETTE,

Rue Pierre-Sarrazin, n° 12.

M.DCCC.XXXVIII.

Préface.

Les études philosophiques ont pris en France une direction nouvelle, qui a déjà produit et nous promet encore pour l'avenir les plus salutaires résultats. Depuis qu'un intérêt général s'est attaché à une critique savante des plus célèbres monumens de l'antiquité; depuis que les opinions de nos semblables, leurs théories et leurs systèmes sont considérés comme une partie de l'Histoire, comme des faits aussi importants à connaître que ceux du monde politique et de notre propre existence, les esprits ont visiblement gagné en étendue, en solidité, en profondeur. Le respect et la connaissance du passé, la justice et l'impartialité, même pour des doctrines qu'on ne partage pas, sont des qualités moins rares aujourd'hui qu'autrefois. C'est à peine si, de loin en loin, l'on trouve encore un de ces hommes qui, avant eux et autour d'eux, n'aperçoivent que mensonge et folie; qui se croient naïvement obligés de recommencer la plus vaste et la plus difficile de toutes les sciences, ou qui les font remonter tout au plus jusqu'au célèbre chancelier d'Angleterre.

Mais les bienfaits de cette heureuse révolution ne s'étendent pas encore à toutes les branches de la philosophie. Il y en a une surtout qui est demeurée de plusieurs siècles en arrière de toutes les autres. Après avoir été long-temps le seul aliment permis à la raison, la seule carrière ouverte à la réflexion et à l'esprit d'indépendance; lorsqu'aujourd'hui encore elle est, chez l'étranger, l'objet des plus nobles travaux, l'occupation des plus fières intelligences, on la voit parmi nous tomber de plus en plus dans un mépris inexcusable. Nous voulons parler de la Logique dont on fait à peine mention dans les ouvrages consacrés à l'enseignement, comme dans ceux qui ont un but plus élevé, que nous devons à l'ambition de reculer les bornes de la science. On croit avoir épuisé cette riche matière; on ne paraît pas soupçonner qu'elle laisse encore un seul problème à résoudre, lorsqu'après la sage recommandation de douter à la manière de Descartes, de chercher ensuite la vérité par analyse et par synthèse, on finit par l'apothéose de Bacon, le prétendu inventeur de la méthode d'induction, par une leçon sévère adressée aux mânes d'Aristote qui a prescrit, dit-on, la marche opposée, et par l'expression d'un profond sentiment de pitié pour ces pauvres philosophes scholastiques qui ne procédaient que par syllogismes, dans un temps où la réflexion ne pouvait ni ne devait exister sous une forme plus hardie.

Ce n'est pas ici le lieu de faire connaître toute l'importance et l'étendue de cette noble science, si injustement oubliée par les uns, si cruellement mutilée par les autres. Nous ne parlerons pas non plus de l'ingratitude dont on est coupable envers l'homme de génie qui l'a créée, et dont les idées éclairent encore aujourd'hui ceux-là mêmes qui outragent sa mémoire. Nous demanderons seulement s'il est permis de le condamner sans connaitre ses œuvres; s'il n'est pas juste de comparer ce qu'il a fait avec ce que nous devons aux grands hommes qui sont entrés après lui dans la même carrière; enfin, s'il est bien démontré que, pendant cette longue période de notre histoire intellectuelle où il régnait sans partage, le syllogisme, avec ses formes un peu rudes, avec ses règles un peu subtiles, n'a exercé aucune influence sur le progrès des lumières et de la liberté.

Sans doute que pour découvrir les conditions et les formes de la vérité, pour déterminer la puissance de nos facultés intellectuelles, l'usage qu'il est permis d'en faire et les lois qui les gouvernent, nous sommes obligés d'en appeler, en dernier ressort, au témoignage de la conscience ; car, ces lois et ces facultés ne sont, après tout, que des points de vue différents de notre propre existence. Les formes de la vérité sont en même temps les modes de la pensée humaine, et quelle que soit la valeur ou l'origine qu'on leur attribue, dût-on même les considérer comme des moments nécessaires de l'existence divine, c'est l'observation qui peut seule nous en donner la première connaissance. Mais les faits que nous trouvons en nous-mêmes, du moins ceux que nous jugeons les plus essentiels à notre nature, ceux qui portent le double caractère de la nécessité et de l'universalité, doivent se présenter également à la conscience de nos semblables. Les philosophes qui nous ont précédés ont dû en être frappés et les recueillir comme nous; par conséquent, une étude approfondie de leurs opinions, une analyse impartiale de toutes les solutions données aux problèmes que nous venons d'énumérer est absolument indispensable, soit pour confirmer, soit pour corriger les résultats de nos propres investigations.

Il n'est pas moins vrai, d'un autre côté, que sous le point de vue intellectuel et moral, comme dans ses conditions matérielles, la vie d'un homme ressemble peu à celle d'un autre homme. Il est rare aussi qu'un siècle soit animé du même esprit, qu'il adopte entièrement les mêmes principes, ou du moins qu'il les interprète de la même manière que les siècles précédents. L'esprit humain n'est pas condamné, comme les phénomènes de la nature, à tourner éternellement dans un cercle invariable; mais il passe par un nombre indéterminé de révolutions qui l'élèvent graduellement des formes particulières et sensibles à l'idée pure de la vérité, à la forme rationnelle et absolue. Tout ce que nous savons et tout ce que nous croyons du monde invisible est soumis à cette loi générale de la pensée. Quel que soit donc le problème qui occupe notre attention, pourvu qu'il ne sorte pas de cette sphère; quelle que soit la partie de la philosophie que nous cultivions de préférence, si de fortes études historiques ne viennent pas se joindre au raisonnement et à l'observation, nous sommes en péril d'arriver, après bien des efforts, à un degré que d'autres ont dépassé depuis long-temps. Aucun homme, fût-il doué de toutes les puissances du génie, ne peut ignorer impunément les découvertes et même les erreurs de ses semblables.

Telles sont les raisons qui nous ont porté à publier cette histoire de la Logique, que l'on peut résumer tout entière dans les cinq noms suivants: Aristote, Bacon, Descartes, Kant et Hegel. Chacun de ces grands hommes a contribué pour une part à peu près égale à l'œuvre commune, et doit inspirer à la postérité la même reconnaissance; mais c'est au premier que nous devons à la fois l'idée, la langue et le plus ancien monument d'une science dont on ne trouve avant lui que des traces imperceptibles ou des lambeaux indignes d'être tirés de la poussière : nous avons dû, par conséquent, lui consacrer une place plus étendue qu'à ses modernes successeurs. Son système étant la base de ceux qui l'ont suivi, la clef sans laquelle on ne saurait comprendre d'une manière un peu élevée les théories les plus hardies de notre époque, il a fallu le dépouiller d'un luxe de détails que l'on pourrait appeler effrayant; il a fallu en rapprocher toutes les parties sans en altérer la substance; enfin, nous y avons aussi rencontré des nuages qui n'ont pu être dissipés sans efforts. Il serait d'ailleurs impossible de consacrer trop de temps et d'espace à ce monument extraordinaire, qui, pendant plusieurs siècles, a tenu lieu de toute philosophie, de toute science en général, et qui a eu l'autorité d'un livre saint sur les plus grands génies du moyen âge.

Nous devons l'idée première de ce faible essai à l'Académie des sciences morales et politiques, qui proposa, il y a deux ans, le sujet de prix suivant :

1° Discuter l'authenticité de l'Organum et des diverses parties dont il se compose ;

2° Faire connaître l'Organum par une analyse étendue ; déterminer le plan, le caractère et le but de cet ouvrage ;

3° En faire l'histoire, exposer l'influence de la logique d'Aristote sur tous les grands systèmes de logique de l'antiquité, du moyen âge et des temps modernes ;

4° Apprécier la valeur intrinsèque de cette logique et signaler les emprunts utiles que pourrait lui faire la philosophie de notre siècle.

Quoique notre opinion particulière sur les rapports de la philosophie et de son histoire ne nous permit pas de nous conformer entièrement à ce programme, nous avons eu cependant le désir d'entrer dans la lice; mais, par suite d'un accident qui ne peut intéresser le lecteur, notre mémoire arriva trop tard pour être admis au concours. Il serait resté long-temps encore sans voir la lumière, si un homme qui a rendu à la philosophie les plus éclatants services, l'un des membres les plus illustres de la savante Académie dont nous avons ambitionné le suffrage, ne nous avait fait espérer qu'il pourra être de quelque profit pour l'enseignement et pour la science. Puisse le public partager son avis et imiter son indulgence!

ANALYSE

DE

L'ORGANUM D'ARISTOTE.

IDÉE GÉNÉRALE DE CET OUVRAGE.

L'OUVRAGE dont nous allons nous occuper est sans contredit le plus ancien traité de Logique qui soit parvenu jusqu'à nous, et tout nous porte à croire qu'il est le premier monument de cette science. Quand il parut, on connaissait depuis long-temps l'art frivole des sophistes et des rhéteurs; Zénon et Platon avaient porté bien loin le talent de la Dialectique; mais on n'avait pas songé encore à exposer et à rassembler dans un système scientifique les formes de la pensée et de la démonstration, qui sont les conditions mêmes de la science. Cette tâche était réservée au génie d'Aristote.

Ce n'est pas Aristote qui a imaginé le titre d'*Organum*[1]; mais aucun autre que lui n'a mis la main à l'œuvre dont, au reste, ce titre désigne assez bien le but et le caractère. En même temps que nous exposerons les doctrines qu'elle renferme, nous démontrerons ce fait qu'on a vainement cherché à révoquer en doute; mais il ne peut pas faire l'objet d'une partie distincte, sans nuire aux intérêts de la clarté, de l'unité et de la concision.

On comprend sous le nom collectif d'*Organum* plusieurs traités parfaitement distincts dont voici les titres authentiques, ou du moins généralement

---

[1] Diogène de Laërte est l'auteur le plus ancien qui fasse usage de ce mot-là dans le sens que nous y attachons aujourd'hui : τὸ λογικὸν οὐχ ὁλομερῶς ἀλλ' ὡς ὄργανον προσηκριβωμένον.

(Vit. Arist.)

adoptés et reconnus pour tels : 1° le traité des Catégories (κατηγορίαι ου περί κατηγοριών), dont le but est de faire connaître les principes généraux de l'intelligence, ou les *formes de la pensée*; 2° le traité de l'Interprétation (περί ἑρμηνείας) où sont exposées les règles générales et les *formes du langage*, considérées seulement sous le point de vue logique, comme expression des opérations de l'intelligence et non pas des opérations de l'âme en général; 3° les *Analytiques* (ἀναλυτικὰ πρότερα καὶ ὕστερα), où l'on trouve toutes les règles et les formes du syllogisme; 4° les *Topiques*, ou lieux communs (τοπικά), qui nous représentent dans leur totalité ce que l'on entendait autrefois et ce que l'on comprend encore aujourd'hui sous le nom de *Dialectique* (ἡ τέχνη τοῦ διαλέγεσθαι), l'art d'interroger et de répondre; 5° les *Argumens sophistiques* (περί σοφιστικῶν ἐλέγχων), où l'on indique à la fois et les principaux sophismes, et les moyens de les résoudre. C'est à tort qu'on a voulu y joindre la rhétorique et la poétique; la raison et l'usage s'y opposent.

Ce n'est pas sans raison, comme il est facile de s'en convaincre dès à présent et comme nous le démontrerons encore mieux par la suite, que

ces divers ouvrages ont e..
ils forment, dans leur ensem...
complet dont toutes les parties ..
s'appellent mutuellement dans l'ordre...
lequel elles sont généralement disposée...
les lois générales ou les formes de la *pensée*, on
est naturellement amené à parler des lois et des
formes générales de l'*expression*. Or, tout ce
que l'homme peut exprimer et concevoir est nécessairement vrai, ou probable, ou faux; de là
résultent les trois parties suivantes : d'abord, les
formes de la vérité ou les règles et les lois de la
démonstration (ἐπιστήμη ἀποδεικτική, tel est le nom
que donne Aristote aux analytiques); ensuite les
formes de la probabilité et de l'erreur, ou les
règles de la dialectique et de la sophistique, qui,
réunies, forment l'art de la *discussion* (πειραστικὸς
καὶ ἀγωνιστικὸς λόγος). Les deux premières parties
sont purement auxiliaires : elles ne représentent
par leur caractère théorique et spéculatif qu'une
sorte d'introduction ou les prolégomènes indispensables d'une science dont le but est évidemment pratique. La science elle-même, que dans
la suite on a appelée la *Logique*, et qu'Aristote
désigne toujours sous le nom de *Méthode*, est

exclusivement renfermée dans les trois dernières parties.

De là il ne faudrait pas conclure que l'*Organum* a été conçu d'un seul jet ; que toutes les parties dont il est formé ont été composées successivement dans l'ordre même où nous venons de les énumérer et de les classer. Il ne serait pas difficile de démontrer le contraire : ainsi, dans le traité de l'interprétation[1] on cite les Analytiques, et dans les Analytiques[2] on parle des Topiques qu'on désigne encore quelquefois sous le nom de Dialectique. Mais après avoir été composés isolément comme autant d'ouvrages indépendants les uns des autres, ne peuvent-ils pas avoir été réunis dans un même corps de doctrine ? Est-il possible de croire qu'en les comparant entre eux, Aristote, le génie et le créateur de la Méthode, ne les ait pas au moins disposés d'après un plan général ? D'ailleurs, qu'on ne l'oublie pas, ce plan est tout entier dans la table des matières, et je dis en outre qu'on le retrouve fréquemment énoncé dans le texte. En effet, après avoir déjà plusieurs

---

[1] Ch. 10, édit. Buhle.
[2] Premières anal., liv. 1, ch. 1 et 30.

fois insisté sur la nécessité de fonder toute démonstration sur certains principes ou attributs généraux qui ne sont pas autre chose que les Catégories, Aristote reconnait trois espèces, ou du moins trois formes de démonstration, trois sortes de syllogisme : 1° le syllogisme logique (συλλογισμὸς ἀποδεικτικός); 2° le syllogisme dialectique (συλλογισμὸς διαλεκτικός); 3° le syllogisme sophistique (συλλογισμὸς ἐριστικός ou σοφιστικὸς ἔλεγχος)[1]. Ailleurs, il va plus loin; il dit expressément qu'au syllogisme démonstratif sont consacrées les analytiques; que dans les Topiques, il enseigne l'art de conjecturer et les règles de la discussion; enfin, que dans un autre traité, il s'occupe spécialement du syllogisme sophistique et des moyens de le résoudre[2]. Ce système de Logique est également indiqué dans la Métaphysique, où l'on distingue trois manières de connaître et d'étudier ces choses : l'une, *philosophique*, par

[1] Topiques, ch. 1, liv. 1. Ib. liv. 8, ch. 9.
[2] Περὶ μὲν οὖν τῶν ἀποδεικτικῶν ἐν τοῖς ἀναλυτικοῖς εἴρηται. Περὶ δὲ τῶν διαλεκτικῶν καὶ πειραστικῶν ἐν τοῖς πρότερον (Les topiques qui précèdent immédiatement les *argumens sophistiques*). Περὶ δὲ τῶν ἀγωνιστικῶν καὶ ἐριστικῶν νῦν λεγώμεν (σοφιστ. ἐλεγχ. ch. 2).

laquelle nous découvrons la vérité; l'autre, *dialectique*, qui ne donne que des probabilités, et la troisième, *sophistique*, qui n'est qu'une forme, une apparence sans réalité[1].

Après avoir indiqué sommairement le but et le plan de l'*Organum*, nous allons essayer maintenant de donner une idée plus étendue de chacune de ses parties.

---

[1] Ἔστι δὲ ἡ διαλεκτικὴ πειραστικὴ περὶ ὧν ἡ φιλοσοφία γνωριστική, ἡ δὲ σοφιστικὴ φαινομένη οὖσα δ'οὔ (Mét. liv. 8, ch. 2, éd. Brandis). Περὶ ὧν δὲ διαλεκτικοὶ σκοποῦσιν ἐκ τῶν ἐνδόξων μόνον (Ib. liv. 2, ch. 1).

DES CATÉGORIES.

Quelques philosophes anciens et modernes, parmi lesquels on remarque surtout F. Patrizzi, ont douté qu'Aristote fût l'auteur de ce traité; 1° parce qu'il a paru plusieurs ouvrages sous le même titre qui ont pu être confondus avec celui d'Aristote, par suite des étranges vicissitudes qu'ont subies toutes ses œuvres; 2° parce qu'Andronicus de Rhodes, chargé de coordonner et d'expliquer les œuvres d'Aristote, a fait sur ce traité un commentaire que nous croyons perdu, mais qui a pu fort bien prendre la place du texte, dans un temps où la philosophie péripatéticienne était complètement ignorée. Car, pourquoi le temps aurait-il épargné le texte et détruit le commentaire, lorsque tous deux nous ont été transmis par la même source ? Ces raisons, quoique les plus importantes parmi toutes celles qui ont été alléguées, sont indignes d'un examen sérieux. Le commentaire d'Andronicus, les Catégories de Théophraste et de plusieurs autres, quoique perdus pour nous, se sont trouvés entre les mains d'Alexandre d'Aphrodisie, de Simplicius et de Philopone qui ont pu les comparer avec le texte d'Aristote dont ils reconnaissent l'authenticité. Long-temps avant le fondateur du Lycée, un disciple de Pythagore, Archytas de Tarente, a fait paraître un ouvrage sur les Catégories qui a peut-être servi de modèle à celui que le temps nous a conservé ; mais qui ne reconnaît pas dans celui-ci le style, la manière, les principes, et, j'ose le dire, toute la philosophie d'Aristote ? Il renferme spécialement le germe de la Métaphysique et de l'*Organum*, et forme comme un point de communication entre ces deux ouvrages où l'on ne peut faire un pas sans rencontrer le nom des Catégories [1].

---

[1] Παρὰ ταῦτα δὲ (τὸ ὂν καὶ τὸ ἕν) ἐστι τὰ σχήματα τῆς κατηγορίας, οἷον τὸ μὲν τι, τὸ δὲ ποῖον, τὸ δὲ ποσὸν, τὸ δὲ ποῦ, etc. (Métaph. liv. 5, ch. 2, édit. Brandis).

Sous ce nom qu'il a rendu si célèbre dans le monde philosophique, Aristote ne veut pas désigner, comme Kant, les idées que notre intelligence ne doit qu'à elle-même, sans le secours de l'expérience, et qu'on a nommées pour cette raison des notions *à priori*, ou de l'entendement pur : une telle interprétation serait contraire à la doctrine, si souvent répétée dans ses œuvres, que les principes de toutes les sciences, même les plus généraux et les plus absolus, nous sont donnés par l'expérience [1], c'est-à-dire, comme il a soin de nous l'expliquer lui-même, par la sensation et l'induction [2]. Mais avant d'exposer les règles et les formes de la démonstration, il fait l'inventaire de toutes les données sans les-

---

Πᾶσαι γὰρ προτάσεις ἢ τί ἐστιν, ἢ ποῖον, ἢ ποσὸν, ἢ εἶναι τῶν ἄλλων κατηγοριῶν σημαίνουσι (Top. liv. 1, ch. 7).

Τὰ γένη τῶν κατηγοριῶν πεπέρανται : ἢ γὰρ ποῖον, ἢ ποσὸν, ἢ πρός τι, ἢ ποιοῦν, etc. (Anal. 1ʳᵉ part., ch. 22). liv. 1.

[1] Τὰς μὲν ἀρχὰς τὰς περὶ ἕκαστον ἐμπειρίας ἐστὶ παραδοῦναι (Analyt. prior. liv. 1, ch. 30).

[2] Ἀδύνατον τὰ καθόλου θεωρῆσαι εἰ μὴ δι' ἐπαγωγῆς..... ἐπαχθῆναι δὲ μὴ ἔχοντα αἴσθησιν ἀδύνατον (Analyt. post. liv. 1, ch. 18);

Δῆλον δὲ ὅτι ἡμῖν τὰ πρῶτα ἐπαγωγῇ γνωρίζειν ἀναγκαῖον καὶ γὰρ ἡ αἴσθησις οὕτω τὸ καθόλου ἐμποιεῖ (Ib. liv. 2, ch. 15).

quelles la démonstration et le raisonnement sont impossibles ; il essaie d'énumérer les idées les plus générales que l'induction puisse nous fournir, ou les élémens les plus simples de la pensée, quelle que soit leur origine. Or, il est évident que les notions les plus simples et les plus abstraites sont exprimées par les termes les plus généraux, par ceux qui entrent dans la définition de tous les autres, et qui eux-mêmes ne peuvent pas être définis. C'est précisément ce que signifie le mot *Catégorie*, à la place duquel on trouve souvent les expressions suivantes : Τὰ σχήματα τῆς κατηγορίας; σχήματα κατηγορίας τοῦ ὄντος, c'est-à-dire, les formes sous lesquelles nous énonçons tout ce qui est [1].

L'auteur commence par la classification de tous les termes qui ne méritent pas d'être comptés au nombre des Catégories : ce sont les *synonimes*, dont le caractère est connu de tout le monde ; les *homonymes*, ou termes équivoques, dont chacun

---

[1] Ces expressions sont plusieurs fois répétées dans la Métaphysique. Γένει δὲ ἓν ἐστιν ὧν τὸ αὐτὸ σχῆμα τῆς κατηγορίας (liv. 4, ch. 6), etc., et un peu plus loin (ib, ch. 18) : ἕτερα τῷ γένει λέγεται ὧν ἕτερον τὸ πρῶτον ὑποκείμενον καὶ ὅσα καθ' ἕτερον σχῆμα κατηγορίας τοῦ ὄντος λέγεται.

a plusieurs significations tout-à-fait différentes; et enfin, les *paronymes*, ou termes dérivés. Il faut en effet que les Catégories soient primitives et parfaitement distinctes les unes des autres, tant dans la pensée que dans l'expression (ch. 1).

Mais tous les mots, quelle que soit leur signification, peuvent être envisagés sous un double point de vue, ou comme parties intégrantes d'un même tout (κατὰ συμπλοκὴν λεγόμενα), comme élémens d'une affirmation ou d'une négation qui est toujours vraie ou fausse; ou comme des signes indépendants les uns des autres (κατὰ μηδεμίαν συμπλοκὴν λεγόμενα), qui correspondent à des idées distinctes dans lesquelles il n'y a ni vérité, ni erreur. Dans le premier cas, ils sont sujets ou attributs, et n'ont par conséquent qu'une valeur relative, un sens tout-à-fait mobile et arbitraire; car le même terme peut être indifféremment tantôt l'un et tantôt l'autre, selon la place qu'il occupe dans la proposition. Dans le dernier cas, ils ont une signification qui leur est propre (αὐτὸ καθ' αὑτὸ σημαίνουσι); ils représentent un sens invariable et absolu; et si l'on ajoute ce caractère à ceux que nous avons indiqués tout-à-l'heure, c'est-à-dire, en réduisant toutes nos idées à leurs élémens les plus généraux et les plus simples, et en les exprimant par des termes de même nature, on obtient pour résultat les Catégories. Ici finissent les considérations préliminaires que les commentateurs ont appelées du nom général de *Protheoria* ou *antepraedicamenta*.

Aristote a voulu donner une liste complète des Catégories, mais il n'a pas eu, comme Kant, la prétention de les fondre en un système où tout s'enchaîne et a sa place déterminée. Il en reconnaît dix : la *substance* (οὐσία), la *quantité* (ποσόν), la *qualité* (ποιόν), la *relation* (πρός τι), le *lieu* (ποῦ), le *temps* (ποτέ), la *situation* (κεῖσται), la *possession* (ἔχειν), l'*action* (ποιεῖν), et la *passion* (πάσχειν)[1]. Aristote a senti que plusieurs de ces termes avaient besoin d'explications, à commencer par le premier (ch. 2).

---

[1] Parmi les divers passages qui font allusion aux Catégories, dans les autres œuvres d'Aristote, il n'en est pas de plus remarquable que le suivant, où elles sont énumérées toutes dix dans le même ordre qu'ici ; ce qui ferait croire que cette disposition avait une certaine importance aux yeux de l'auteur : « Ἔστι δὲ ταῦτα (τὰ γένη τῶν κατηγοριῶν) τὸν ἀριθμὸν δέκα, τί ἐστι, ποσόν, ποιόν, πρός τι, ποῦ, ποτέ, κεῖσθαι, ἔχειν, ποιεῖν, πάσχειν. » (Topic. liv. 1, ch. 7.)

1° On peut en général définir la *substance* : ce qui est représenté par le sujet dans la proposition ; ce qui n'existe pas dans un autre sujet, mais en soi-même [1]. Or, il y a deux sortes de sujets : les uns ne perdent jamais leur caractère, c'est-à-dire, qu'ils ne peuvent dans aucun cas servir d'attributs ; les autres le perdent quelquefois, au moins dans l'expression et en apparence, sinon en réalité. Les premiers représentent les individus qui sont les véritables substances, celles qu'on peut appeler les *substances premières* (οὐσίαι κυριώταται καὶ πρῶται). Les autres n'expriment que des genres et des espèces qui forment une autre classe de substances auxquelles on donne le nom de *substances secondaires* (δεύτεραι οὐσίαι).

Les genres et les espèces n'ont sans doute aucune réalité par eux-mêmes, comme les individus ; et cependant, il est impossible de les confondre avec de simples attributs ou des accidens. En effet, le nom et la définition de l'attribut ne conviennent pas au sujet, tandis que le nom et la définition du genre conviennent à l'individu.

---

[1] Κοινὸν δὲ κατὰ πάσης οὐσίας τὸ μὴ ἐν ὑποκειμένῳ εἶναι (ch. 3, édit. Buhle ; ch. 5, édit. ordinaire).

Par exemple, ni le nom, ni la définition d'une couleur ne conviennent à l'objet coloré, tandis que la définition de l'homme et le nom qui lui est consacré dans les différentes langues appartiennent nécessairement à chaque homme en particulier. Les genres et les espèces représentent ce qu'il appelle ailleurs la substance formelle des choses, qui, réunie à la substance matérielle, donne pour résultat la substance totale et réelle, le σύνολον ou l'individu [1]. Le caractère fondamental de toute substance, non pas son caractère *logique*, ou le signe par lequel on la distingue dans la parole, mais son caractère métaphysique, c'est l'unité et l'identité qu'elle ne partage avec aucune autre Catégorie [2].

2° Il y a diverses espèces de quantité comme il y a plusieurs classes de substances. On distingue d'abord la quantité discrète ou divisée (διωρισμένον ποσόν), et la quantité continue (συνεχές). La première est représentée par les nombres et les sons

---

[1] Τρόπον μὲν τινὰ ἡ ὕλη λέγεται, ἄλλον δὲ τρόπον ἡ μορφή, τρίτον δὲ τὸ ἐκ τούτων (Métaph. liv. 7, ch. 5).

[2] Μάλιστα δὲ ἴδιον τῆς οὐσίας τὸ ταὐτόν καὶ ἓν ἀριθμῷ ὄν, τῶν ἐναντίων εἶναι δεκτικόν (ch. 5).

articulés dont chacun est entièrement indépendant de tous les autres, qui ne forment pas un seul tout renfermé dans des limites communes[1]. Le nom de la seconde convient au temps et à l'espace, aux corps et aux figures géométriques. Mais l'espace et le temps, quoique tous deux des quantités continues, ont cependant leurs caractères particuliers, et forment, pour ainsi dire, deux nouvelles espèces de quantité. En effet, chaque partie de l'espace et des corps qu'il renferme a une position déterminée relativement à toutes les autres. La même idée est exprimée par Kant, lorsqu'il dit que les corps ne peuvent pas être le résultat d'une synthèse arbitraire. Dans le temps, au contraire, et dans les faits qui s'y passent, il y a un ordre de succession, un certain arrangement qui n'existe que dans l'esprit, mais non dans les choses (τάξιν τινὰ εἴποις ἂν ἔχειν, θέσιν, δὲ οὐ πάνυ λάβοις ἄν). De là résultent quatre sortes de quantité qui ont toutes un caractère commun et fondamental : c'est le rapport de l'égalité et de l'inégalité qui appartient exclusivement à cette

---

[1] Οὐκ ἔστι κοινὸς ὅρος πρὸς ὃν αἱ συλλαβαί, ἀλλ' ἑκάστη διώρισται αὐτὴ καθ' αὑτήν (ch. 4).

Catégorie comme l'identité à la substance[1]. L'égalité, ainsi qu'il l'appelle dans la Métaphysique, c'est l'unité de quantité, et l'identité, c'est l'unité de substance (*ch.* 4)[2].

3° On comprend sous la Catégorie de la relation toute idée qui n'est fondée que sur une comparaison, et tout fait qui dépend d'un autre fait. Telles sont les idées de grandeur et de petitesse, la sensation, la science, la position et tout ce qui n'existe pas et n'est pas compris par soi-même[3].

Souvent les deux termes d'une relation sont des contraires, comme le vice et la vertu, ou la science et l'ignorance. Il y a aussi du plus ou du moins dans certaines relations : ainsi, une chose est plus ou moins semblable à une autre, un homme est plus ou moins savant, plus ou moins ignorant qu'un autre homme. Mais le caractère particulier de cette Catégorie, ce qui la

---

[1] Ἴδιον δὲ μάλιστα τοῦ ποσοῦ τὸ ἴσον τὸ καὶ ἄνισον λέγεσθαι (ch. 4).

[2] Ἴσα ὧν τὸ ποσὸν ἓν ταυτὰ ὧν μία ἡ οὐσία, ὅμοια ὧν ποιότης μία (Mét. liv. 4, ch. 15).

[3] Πρός τι δὲ τὰ τοιαῦτα λέγεται ὅσα αὐτὰ ἅπερ ἐστίν, ἑτέρων εἶναι λέγεται (ch.).

distingue essentiellement de toutes les autres, c'est la réciprocité; c'est-à-dire, que le rapport ne change pas, quel que soit l'ordre dans lequel on exprime ses deux termes [1]. Ainsi, l'on peut dire indifféremment, en parlant de deux quantités, que la première est la moitié de la seconde, ou que la seconde est le double de la première. Seulement il faut choisir les termes les plus propres à faire ressortir le caractère, à rendre cette réciprocité tout-à-fait sensible; et quand ils n'existent pas dans une langue, il ne faut pas craindre de les inventer (*ch.* 5).

4° Malgré le nombre prodigieux et l'étonnante variété des faits qu'on désigne sous le nom général de *quantité*, on peut cependant les diviser en quatre classes, c'est-à-dire qu'il y a quatre sortes de qualité : 1° les qualités de l'âme, durables ou passagères, c'est-à-dire, les habitudes (ἕξεις) et les dispositions (διαθέσεις); 2° les perfections et les imperfections du corps, comme la légèreté à la course, l'habileté dans la lutte, une complexion saine ou valétudinaire et autres faits du même genre qui appartiennent spécialement aux

---

[1] Πάντα δὲ τὰ πρός τι πρὸς ἀντιστρέφοντα λέγεται (ib).

corps animés (ὅσα κατὰ δύναμιν φυσικὴν καὶ ἀδυναμίαν λέγεται); 3° les simples modifications de l'âme, c'est-à-dire, les passions avec leurs causes et leurs effets ; 4° les qualités générales des corps tant animés qu'inanimés, comme la figure, la dureté, la mollesse et l'aspérité. Toutes les qualités imaginables rentrent dans ces quatre classes dont le caractère fondamental est d'admettre le rapport de ressemblance et de différence. La ressemblance, c'est l'unité de qualité, comme l'égalité est l'unité de quantité (ch. 5) [1].

Aristote dit fort peu de chose des six autres catégories qui, dit-il, se comprennent d'elles-mêmes et n'ont pas besoin d'autre explication [2]. Mais à la suite de ces mots, qui naturellement devraient annoncer la fin du traité dont nous sommes occupés, nous trouvons encore plusieurs chapitres que les commentateurs ont désignés sous la dénomination générale d'*hypotheoriæ* ou *postprædicamenta*, et dont la plupart des cri-

---

[1] Ἴδιον τῆς ποιότητος τὸ ὅμοιον ἢ ἀνόμοιον λέγεσθαι κατ' αὐτήν (ch. 5). ὅμοια δὲ ἢ ἀνόμοια κατὰ μόνας τὰς ποιότητας λέγονται (ib).

[2] Ὑπὲρ δὲ τῶν λοιπῶν διὰ τὸ προφανῆ εἶναι οὐδὲν ὑπὲρ αὐτῶν ἄλλο λέγεται ἢ ὅσα ἐν ἀρχῇ ἐρρέθη (ch. 7).

tiques ont fait honneur à une autre plume qu'à celle d'Aristote, embarrassés qu'ils étaient de trouver le lien qui les unit aux chapitres précédents[1]. Peut-être en effet ne sont-ils pas à leur place ; mais il est facile de voir, avec un peu d'attention, qu'ils entrent nécessairement dans le plan du traité, et qu'en les supprimant on en romprait l'unité et l'harmonie. En effet, avant de faire connaître le caractère fondamental ou la propriété commune de chaque Catégorie, l'auteur a toujours soin d'énumérer et de classer, selon leurs caractères particuliers, toutes les idées qu'elle comprend dans sa sphère. Telle est la marche uniforme qu'il suit pour la substance, la quantité et la qualité. Mais c'est en vain que l'on chercherait une semblable classification dans le chapitre consacré à la relation. Les différentes espèces de relation ou de rapports sont trop nombreuses et trop importantes pour n'avoir pas mérité une place à part ou du moins un développement plus étendu, et c'est véritablement dans cette dernière partie du traité

---

[1] Voy. Buhle, *Argumentum categorarium*, tome 1ᵉʳ de son édition des œuvres d'Aristote.

qu'on les trouve indiquées sous les titres de Corrélatifs (ἀντικειμένα). Je dis en outre que cette partie renferme des distinctions et des définitions peu importantes par elles-mêmes, si l'on veut, mais que l'on retrouve presque littéralement dans la Métaphysique. Pour démontrer ces deux faits, il nous suffit de continuer notre rôle d'interprète auquel il est temps que nous revenions.

Le mot grec ἀντικειμένα n'emporte pas toujours avec lui l'idée d'opposition ou de contradiction ; il désigne simplement les deux termes correspondants d'un rapport déterminé. Il a la même signification que le mot allemand *Gegensatz*, et ne saurait être mieux traduit dans notre langue que par celui de *Corrélatifs*. Aristote a divisé tous les termes de ce genre en quatre classes : 1° les Corrélatifs par simple relation (τὰ πρός τι), c'est-à-dire, les deux termes correspondants d'un rapport ordinaire, comme le double et la moitié ; tous ceux, en un mot, qui ne rentrent pas dans les trois autres classes ; 2° les Contraires (τὰ ἐναντία), comme le bien et le mal ; 3° la Possession et la Privation (στέρησις καὶ ἕξις), comme l'état d'un aveugle et celui qui jouit de la vue ; 4° les Contradictoires (κατάφασις καὶ ἀπόφασις), comme oui et non [1]. Cette division se retrouve presque littéralement dans la Métaphysique [2].

Les premiers n'existent que par comparaison, comme on l'a déjà dit précédemment, et ont pour caractère général la réciprocité. Ainsi, il n'y a ni double, ni moitié dans les choses que l'on considère isolément et en elles-mêmes. C'est la comparaison qui engendre ces idées, et c'est la raison pour laquelle elles sont réciproques.

Les Contraires ne sont pas incompatibles avec les Contradictoires : ils peuvent très-bien subsister ensemble, pourvu que ce ne soit pas dans l'essence des choses, c'est-à-dire que le même objet ne peut pas admettre simultanément les deux contraires au nombre de ses qualités essentielles ; mais il peut passer successivement de l'un à l'autre. En un mot, les contraires sont des extrêmes entre lesquels il y a ordinairement un terme moyen qui résulte de leur combinaison.

---

[1] Λέγεται δὲ ἕτερον ἑτέρῳ ἀντικεῖσθαι τετραχῶς ; ἢ ὡς τὰ πρός τι, ἢ ὡς τὰ ἐναντία ἢ ὡς στέρησις καὶ ἕξις, ἢ ὡς κατάφασις καὶ ἀπόφασις (ch. 8, Catég).

[2] Ἀντικεῖσθαι λέγεται ἀντίφασις καὶ τἀναντία καὶ τὰ πρός τι καὶ στέρησις καὶ ἕξις, etc. (Métaph. liv. 4, ch. 10.) La même chose se trouve encore liv. 10, et ch. 54.

Il ne faudrait pas confondre la possession avec la présence, et la privation avec l'absence d'une chose. Dans la langue philosophique d'Aristote, le premier de ces deux termes s'applique exclusivement à la jouissance, et l'autre à la perte des facultés, des organes ou des propriétés dont la nature a doué les êtres [1]. Ce sont deux extrêmes qui n'admettent pas de milieu et ne peuvent se succéder que dans un ordre déterminé : par exemple, on ne recouvre pas ses deux yeux après les avoir perdus; mais on peut les perdre après les avoir possédés. Ce double caractère les distingue suffisamment des Contradictoires et des Contraires.

Enfin, les deux termes d'une contradiction ne peuvent pas être simultanément vrais ou faux. Ils ne sont jamais représentés par de simples notions ou des termes isolés (κατὰ μηδεμίαν συμπλοκὴν λεγομένα), mais par des jugements et des propositions, par une affirmation et une négation (κατάφασις καὶ ἀπόφασις); car la vérité et l'erreur résultent exclusivement de la réunion ou de la

---

[1] Καθόλου δὲ ἅπαν ἐν ᾧ ἂν πέφυκεν ἡ ἕξις γίνεσθαι, περὶ τοῦτο λέγεται ἑκάτερον αὐτῶν (ch. 8, § 8).

séparation des idées. En un mot, Aristote n'a envisagé la vérité que sous le point de vue logique, et non pas sous le point de vue ontologique [1].

Outre les rapports que nous venons d'énumérer, il y en a trois autres qui ne diffèrent des précédents que parce qu'ils ne sont pas exprimés sous forme d'antithèse ou de corrélation : ce sont les trois modes du temps, comme les appelle Kant (*die drei Modi der Zeit*) : l'antériorité ($τὸ πρότερον$), la simultanéité ($τὸ ἅμα$), et la succession ou le mouvement ($κίνησις$). Seulement, au premier de ces rapports ou de ces modes, Kant a substitué la permanence (*die Beharrlichkeit*). Malgré cette différence, ils ne sont pas plus déplacés dans le traité des Catégories que dans la *Critique de la raison pure*, qui en fait la base de toute expérience [2].

Aristote distingue quatre sortes de priorité : 1º la priorité dans le temps, ou chronologique, qui est la priorité par excellence ; 2º la priorité

---

[1] Ὅλως δὲ τῶν κατὰ μηδεμίαν συμπλοκὴν λεγομένων οὐδὲν οὔτε ἀληθές ἐστιν οὔτε ψεῦδός (ch. 8).

[2] Voir Critique de la raison pure, système des principes, analogies de l'expérience, p. 160, 7ᵉ édition.

logique, comme celle de l'unité par rapport à la dualité, et en général celle d'un principe relativement à ses conséquences ; 3° la priorité dans l'espace et, par extension, dans un ordre quelconque adopté par l'esprit dans la disposition des idées, des paroles et des choses : telle est la priorité de l'exorde dans un discours. Enfin, il y a une quatrième espèce de priorité que l'on nommerait ontologique dans le langage actuel de la science ; c'est celle de l'existence relativement à la connaissance ; c'est-à-dire que les choses n'existent pas parce que nous les connaissons ou en parlons avec vérité ; mais nous les connaissons parce qu'elles existent [1].

Les différents modes de simultanéité sont parfaitement analogues à ceux de la priorité. Ainsi l'on distingue d'abord une simultanéité chronologique ; c'est le rapport qui existe entre deux êtres ou deux faits contemporains. Vient ensuite la simultanéité logique qui n'existe que dans la

---

[1] Πρότερον δ'ἑτέρου ἑτέρου λέγεται τετραχῶς, etc. (Ch. 9, éd. Buhle ; 12, édit. Casaub.) Le même sujet est traité avec bien plus de détails dans la Métaphysique, liv. 4, ch. 11, édit. Brandis.

pensée entre deux termes corrélatifs ou simplement réciproques (ἀντιστρέφοντα). La troisième et dernière espèce de simultanéité est celle qu'on peut se représenter dans l'espace, entre plusieurs objets disposés en forme de circonférence, de manière à se trouver tous à égale distance d'un point déterminé. Tel est aussi le rapport qui existe entre les différentes parties constitutives d'un même tout, lorsqu'elles ne sont pas subordonnées l'une à l'autre (ἀναδημημένα), comme les espèces comprises dans un même genre. C'est en un mot ce que l'on peut appeler un Rapport de composition ou de coordination [1].

Les modes de succession (μεταβολαί) ou, ce qui revient au même, les différentes espèces de mouvement (κινήσεις) sont au nombre de six : la formation et la destruction, l'augmentation et la diminution, l'altération et le mouvement

---

[1] Ch. 10. Kant admet aussi un rapport de composition (*das Verhæltniss der Composition*); mais, comme il a soin de nous le dire, dans un sens *dynamique*, comme *commercium*, et non pas comme *communio*, c'est-à-dire, tout simplement comme action réciproque de deux causes simultanées (Critique de la raison pure, p. 191, 7ᵉ édit.).

proprement dit [1]. Dans la métaphysique, ils sont réduits au nombre de quatre : les deux premiers forment ce qu'il appelle un mouvement ou un changement dans la substance (μεταβολὴ κατὰ τὸ τί ἐστι) ; les deux suivants, c'est-à-dire, l'augmentation et la diminution, sont le changement de quantité (μεταβολὴ κατὰ τὸ ποσόν); le troisième, un changement de qualité (κατὰ τὸ ποιόν), et le dernier un changement de lieu, comme on l'appelle encore ici (ἡ κατὰ τόπον μεταβολή) [2]. Et qu'on dise après cela que la dernière partie de ce traité n'est pas d'Aristote! Encore n'avons-nous rapporté que les passages qui ne pouvaient pas ralentir ou embarrasser la marche de notre exposition.

Ici finit l'inventaire des idées et des rapports qui sont, pour ainsi dire, le fond même de la pensée et les matériaux indispensables de toute science. Maintenant, nous allons voir selon quelles règles ils se combinent dans la parole et donnent naissance à la proposition. Tel est l'objet du traité qui va suivre.

---

[1] Κινήσεως δέ ἐστιν εἴδη ἓξ γένεσις, φθορά, αὔξησις, μείωσις, ἀλλοίωσις καὶ ἡ κατὰ τόπον μεταβολή.

[2] Αἱ μεταβολαὶ τέτταρες, ἢ κατὰ τό τι, ἢ κατὰ τὸ ποιόν, ἢ ποσόν, ἢ ποῦ (Métaph. liv. 12, ch. 3, éd. Duval).

DE L'INTERPRÉTATION
(Περὶ ἑρμηνείας),

ou

DE LA PROPOSITION.

Il y a deux sortes de proposition que l'on confond sans cesse, et qui pourtant sont essentiellement distinctes : c'est la proposition *grammaticale* et la proposition *logique*. La première exprime immédiatement toutes les modifications de l'âme, et admet ce qu'on appelle, en termes de grammaire, des figures et des modes. C'est ainsi que le mode impératif est l'expression de la volonté ; le mode optatif, celle du désir ; le mode exclamatif, celle de la sensibilité en général. La seconde, au contraire, est exclusivement consacrée aux opérations de l'intelligence; elle renferme toujours une affirmation ou une négation, et n'admet qu'un seul mode, celui que les grammairiens appellent le mode indicatif. C'est la proposition logique, ou, pour m'exprimer d'une manière plus générale, c'est le rapport de l'intelligence et de la parole qui fait le sujet de ce traité dont l'authenticité est suffisamment démontrée par les doctrines qu'elle renferme, par la place qui lui est nécessairement réservée dans le plan général de l'*Organum*, et par le témoignage des plus anciens historiens de la philosophie. Les motifs de ceux qui l'ont révoquée en doute ne méritent pas même d'être connus [1].

[1] L'un de ces motifs allégué par Andronicus de Rhodes, c'est que le mot παθήματα, par lequel on désigne au commencement de ce traité les opérations de l'intelligence, n'a pas tout-à-fait la même signification que dans les livres qui traitent de l'âme, où il exprime en général toute espèce de modification, et particulièrement celles de la sensibilité. Toute frivole qu'elle est, cette objection est victorieusement réfutée par Alexandre d'Aphrodisie, Ammonius, Philopone, et une foule d'autres commentateurs. Celle de Patrizzi est encore moins raisonnable. Il prétend que le traité de l'Interprétation est superflu, et par cela même indigne de notre

L'auteur commence par la définition de la parole, qu'il appelle le symbole de la pensée (τὰ ἐν τῇ φωνῇ τῶν ἐν τῇ ψυχῇ παθημάτων σύμβολα). Mais, puisqu'il y a deux sortes d'opérations dans la pensée, il faut aussi qu'on distingue deux espèces de signes dans la parole. Aux idées ou simples appréhensions (θέσεις), qui ne sont ni vraies ni fausses, correspondent des termes isolés (φάσις). La vérité et l'erreur sont toujours représentées par une affirmation ou une négation (κατάφασις καὶ ἀπόφασις), c'est-à-dire, en un mot, par la proposition (ἀπόφανσις ou ἀποφαντικὸς λόγος). Pour comprendre les règles et les formes de la proposition, il faut déjà connaître les éléments dont elle est formée ; et ceux-ci, dans le système d'Aristote, ne sont qu'au nombre de deux : le Nom et le Verbe (ὄνομα καὶ ῥῆμα).

Le *Nom* est un mot auquel on attache un sens par convention, qui n'admet pas la distinction des temps, et dont les éléments n'ont aucune si—

confiance, parce que le sujet auquel il est consacré a déjà été développé dans un autre ouvrage d'Aristote, mentionné par Alexandre d'Aphrodisie, mais qui n'est pas arrivé jusqu'à nous.

gnification par eux-mêmes, à moins qu'il ne s'agisse d'un nom composé. Telle est la manière passablement obscure dont Aristote définit le Nom [1]. Le Nom précédé d'une négation est un nom indéfini (ὄνομα ἀόριστον). Les diverses terminaisons du nom s'appellent des cas (πτώσεις τοῦ ὀνόματος et *casus* en latin).

Le *Verbe* exprime simultanément les attributs et les temps [2]. Quand il est précédé de la négation, c'est un verbe indéfini (ἀόριστον ῥῆμα). Enfin, le verbe a aussi des cas comme le nom (πτώσεις ῥήματος). Tels sont les deux seuls éléments de la parole qui aient une signification par eux-mêmes, et dont les diverses combinaisons portent généralement le nom de discours (λόγος). Mais toute espèce de discours n'est pas une proposition. Ce nom et ce caractère n'appartiennent qu'à ceux qui renferment une affirmation ou une négation. Tous les autres sont exclus de ce traité; ils sont du ressort de la Rhétorique et de la Poétique [3].

---

[1] Ὄνομα μὲν οὖν ἐστι φωνὴ σημαντικὴ κατὰ συνθήκην, ἄνευ χρόνου, ἧς μηδὲν μέρος ἐστὶ σημαντικὸν κεχωρισμένον (ch. 2).

[2] Ῥῆμα δέ ἐστι τὸ προσσημαῖνον χρόνον, οὗ μέρος οὐδὲν σημαίνει χωρὶς καὶ ἔστιν ἀεὶ τῶν καθ' ἑτέρου λεγομένων σημεῖον (ch. 4).

[3] Ἀποφαντικὸς δὲ οὐ πᾶς (λόγος), ἀλλ' ἐν ᾧ τὸ ἀληθεύειν ἢ ψεύ-

La qualité fondamentale de toute proposition, c'est l'unité, qu'elle emprunte ou à l'affirmation (κατάφασις), ou à la négation (ἀπόφασις), ou à la conjonction (σύνδεσμος). Dans les deux premiers cas, elle est simple ; dans le dernier, elle est composée. La proposition en général sert donc à exprimer qu'une chose existe ou n'existe pas dans un temps donné[1]. Mais, comme on peut affirmer ce qui n'est pas et nier ce qui est, à toute négation on peut opposer une affirmation, et réciproquement. Voilà ce qu'on appelle une *contradiction* (ἀντίφασις).

L'opposition d'une affirmation et d'une négation est sans doute la condition générale et première de toute contradiction, mais elle ne suffit pas ; il en faut d'autres plus précises et qui varient nécessairement suivant les divers points de vue sous lesquels la proposition peut être envisagée. Or, toute proposition n'est pas seulement affir-

---

δεσθαι ὑπάρχει : οὐκ ἐν ἅπασι δὲ ὑπάρχει, οἷον ἡ εὐχὴ λόγος μὲν, ἀλλ' οὔτε ἀληθὴς, οὔτε ψευδής (ch. 4).

[1] Φωνὴ σημαντικὴ περὶ τοῦ ὑπάρχειν ἢ μὴ ὑπάρχειν τι ὡς οἱ χρόνοι διῄρηνται (ch. 5).

mative ou négative ; on peut aussi la considérer comme générale ou particulière, comme déterminée ou indéterminée, comme simple ou composée, et enfin comme absolue ou contingente. Ces divers aspects sous lesquels Aristote envisage successivement la proposition sans les énumérer d'abord, comme je viens de le faire, et sans les formuler avec beaucoup de précision, sont à peu près ceux que Kant a désignés sous les titres généraux de Quantité, de Qualité, de Relation et de Modalité, et qui font la base de la classification des jugemens et des catégories.

1° Une proposition générale est celle qui a pour sujet un terme général qui n'a rien perdu de son extension par la place qu'il occupe ; car il y a des termes généraux auxquels on peut attacher une signification tout-à-fait restreinte. Une proposition particulière a pour sujet un terme particulier. La contradiction ne peut exister qu'entre une proposition générale et une proposition particulière, ou bien entre deux propositions particulières dont le sujet est absolument le même. Deux propositions générales dont l'une est affirmative et l'autre négative vont au-delà de la contradiction : on les appelle des propositions *contraires*. Il y a cette différence entre les Contraires (ἐναντία ἀπόφανσις, ἐναντίως ἀντικείμεναι) et les Contradictoires (ἀντιφατικῶς ἀντικείμεναι), que celles-ci ne peuvent pas être toutes deux vraies ou fausses, tandis que les premières, qui représentent deux extrêmes, sont quelquefois toutes deux fausses, sans jamais être vraies en même temps [1]. Cette règle, qui n'est pas autre chose que le fameux principe de contradiction ou d'identité, n'admet pas de restriction. Elle s'applique à l'avenir comme au présent, mais elle ne doit pas nous conduire au fatalisme en nous faisant croire que tout ce qui doit arriver est déterminé d'avance. D'abord, une telle conséquence serait démentie par l'expérience, qui nous apprend qu'une foule d'événements dépendent entièrement de notre volonté et de notre activité. Ensuite, de ce qu'une chose ne peut pas à la fois être et n'être pas, il n'en résulte pas qu'elle soit nécessaire ou impossible [2]. Leibnitz n'a pas pris

---

[1] Ch. 7 et 8.

[2] Ὁρῶμεν ὅτι ἐστὶν ἀρχὴ τῶν ἐσομένων καὶ ἀπὸ τοῦ βουλεύεσθαι καὶ ἀπὸ τοῦ πράξαι. — Τὸ μὲν οὖν εἶναι τὸ ὂν ὅταν ᾖ καὶ τὸ μὴ ὂν εἶναι ὅταν μὴ ᾖ ἀνάγκη · οὐ μέντοι οὔτε τὸ ὂν ἅπαν εἶναι οὔτε τὸ μὴ ὂν ἀνάγκη μὴ εἶναι · οὐ γὰρ ταὐτόν ἐστι, etc., ch. 9.

tant de peine pour défendre la liberté. Non content d'admettre le principe de contradiction, il y a ajouté celui de la raison suffisante, qui l'a conduit à la doctrine de l'harmonie préétablie.

2° Toute proposition générale ou particulière se compose nécessairement d'un Nom et d'un Verbe. Or, comme il y a des noms et des verbes indéterminés, il y a aussi des propositions de même nature qui correspondent à ce que Kant a appelé des jugements indéterminés (*unendliche Urtheile*)[1]. Outre ce caractère qu'elles empruntent à la négation placée devant le sujet ou l'attribut, ces propositions sont encore, comme toutes les autres, affirmatives ou négatives : d'où résulte que le même sujet peut donner lieu à quatre propositions opposées deux à deux, selon leur quantité, comme contraires ou comme contradictoires, savoir : deux dont le sujet et l'attribut sont simples, et deux dont le sujet et l'attribut sont indéterminés, ou précédés de la négation. Par conséquent, si l'on déplace la négation, on

---

[1] Πᾶσα κατάφασις καὶ ἀπόφασις ἢ ἐξ ὀνόματος καὶ ῥήματος, ἢ ἐξ ἀορίστου ὀνόματος καὶ ῥήματος (ch. 10). — Ces notes et ces citations multipliées ont pour but de montrer qu'en essayant

change entièrement les rapports qui existent entre les différentes propositions, et c'est ce qu'il faut savoir pour éviter les piéges des sophistes (πρὸς τὰς σοφιστικὰς ἐνοχλήσεις).

3° La contradiction ne pouvant exister qu'entre deux propositions simples, quelles que soient d'ailleurs leurs autres qualités (μία κατάφασις μία ἀπο-φάσει ἀντίκειται ἀντιφατικῶς), il faut à présent déterminer les conditions de cette simplicité. Or, toute proposition a cette qualité, quand elle n'exprime qu'une seule négation ou une seule affirmation, c'est-à-dire, quand elle ne renferme pas plus qu'un sujet et qu'un attribut : dans le cas contraire, elle est composée. L'unité du sujet et de l'attribut peut subsister malgré la pluralité des termes ; bien mieux que cela, chacun de ces termes peut exprimer une idée distincte et servir par lui-même, soit de sujet, soit d'attribut. Mais il faut alors qu'ils représentent dans leur ensemble une véritable unité, comme celle qui existe dans l'attribut d'une définition ; il faut qu'ils expriment des qualités essentielles, nécessairement insépa-

---

de reproduire la pensée d'Aristote ; j'ai aussi religieusement conservé l'ordre dans lequel elle est exposée dans ses œuvres.

rables, et non pas de simples accidents (συμβεβηκότα) ou des qualités purement contingentes,
dont la rencontre, alors même qu'elle ne serait
pas contradictoire, ne formerait pas encore une
véritable unité [1].

4° Enfin, il nous reste encore à déterminer
les rapports qui existent dans la proposition
entre les idées du possible et de l'impossible,
du contingent et du nécessaire. Toutes les fois
que ces idées seront exprimées, n'importe par
quels termes, c'est exclusivement à elles que devront se rapporter l'affirmation et la négation.
Elles pourront donner naissance à des propositions contradictoires où l'être et le non-être
seront considérés comme de simples attributs,
tandis que le terme correspondant à l'idée du
possible, que le verbe pouvoir (ενδέχεσθαι, δύνασθαι)
tiendra lieu de copule (πρόσθεσις) [2]. Par exemple,

---

[1] Τῶν δὲ κατηγορουμένων καὶ ἐφ' οἷς κατηγορεῖσθαι συμβαίνει, ὅσα
μὲν λέγεται κατὰ συμβεβηκὸς ἢ κατὰ τοῦ αὐτοῦ, ἢ θάτερον κατὰ
θατέρου, ταῦτα οὐκ ἔσται ἓν (ch. 11).

[2] C'est ainsi qu'Aristote l'appelle quand elle n'est pas réunie
à l'attribut comme dans les verbes ordinaires, parce qu'elle
lui semble alors un élément additionnel (προσκατηγορημένα,

4

si nous affirmons qu'une chose *peut être*, celui qui voudra nier cette proposition, dira qu'elle *ne peut pas être*. Dire qu'elle *peut ne pas être*, c'est une autre affirmation à laquelle il faudra opposer comme négation qu'elle *ne peut pas ne pas être*[1]. De toutes ces antithèses qui, au premier aspect, devront sembler assez frivoles et indignes d'être rapportées dans une analyse, Aristote sait tirer une conséquence très-importante, qu'il met à profit dans sa Métaphysique : ce qui ne peut pas ne pas être, le nécessaire en un mot, c'est ce qui ne cesse pas un instant d'être, ce qui est éternellement en réalité et en action ; donc l'action est véritablement antérieure à la puissance, et la Substance éternelle et première, en un mot, la Divinité est une substance en action (ουσία ενέργεια) ; tout ce qu'elle peut faire, elle le fait réellement de toute éternité[2].

τρίτον προσκατηγόρηται) qui ne serait pas rigoureusement nécessaire dans une langue bien faite (voyez le ch. 10).

[1] Ἐνταῦθα τὸ μὲν εἶναι καὶ τὸ μὴ εἶναι ὡς ὑποκειμένον γίνεται ; τὸ δὲ δύνασθαι καὶ ἐνδέχεσθαι προσθέσεις διορίζουσαι, etc. (Ch. 12.)

[2] Φανερὸν δὲ ἐκ τῶν εἰρημένων ὅτι τὸ ἐξ ἀνάγκης ὂν κατ' ἐνέργειαν ἐστίν : ὥστε εἰ πρότερα τὰ αἴδια, καὶ ἡ ἐνέργεια δυνάμεως πρότερα καὶ τὰ μὲν, ἄνευ δυνάμεως ἐνέργειαί εἰσι (ch. 13). Cette pensée,

On ne s'étonnera pas qu'Aristote ait insisté avec tant de patience sur toutes les conditions de la contradiction, si l'on songe que le principe de contradiction ou d'identité est pour lui le seul critérium de la vérité, la seule base de la certitude et de la science [1]. Il est donc aussi le principe général de la démonstration et du syllogisme, qui font l'objet principal de l'*Organum*, et particulièrement des Analytiques que nous abordons à l'instant même.

qui ne paraît ici qu'en germe, est développée d'une manière très-étendue dans le 9° chapitre du 9° livre de la Métaphysique, commençant par ces mots : Φανερὸν ὅτι πρότερον ἐνέργεια δυνάμεως ἐστι. Ce sont à peu près les mêmes termes que dans le passage que nous venons de citer.

[1] Voyez Métaph., liv. 4, ch. 3 et seq.; édit. Brandis.

DES ANALYTIQUES,

ou

DE LA DÉMONSTRATION.

PRÉLIMINAIRES.

Cette partie de l'*Organum* n'a pas excité le moindre doute sur son authenticité, et il ne serait guère possible de la contester raisonnablement à Aristote ; car elle est expressément mentionnée dans la plupart et les plus importantes de ses œuvres : dans la Morale à Nicomaque [1], dans les Argumens Sophistiques [2], dans le traité de

---

[1] Liv. 6, ch. 3.
[2] Περὶ μὲν οὖν ἀποδεικτικῶν (συλλογισμῶν) ἐν τοῖς ἀναλυτικοῖς εἴρηται (soph. elench., ch. 2).

l'Interprétation [1] et dans la Métaphysique [2].

Le mot *Analytiques* (ἀναλυτικά), que l'on traduisait dans l'École par celui de *resolutiva*, signifie tout ce qui est relatif à l'analyse, les règles, les formes et le but de cette opération ; comme par le mot *Physiques* (τὰ φυσικά), on a voulu désigner les choses de la nature, et par le mot *Éthiques* (τὰ ἠθικά) tout ce qui concerne les mœurs. Or, l'analyse, comme Aristote la définit lui-même [3], n'est pas autre chose qu'une opération par laquelle on dégage d'un principe général tous les jugemens particuliers qu'il renferme ; en un mot, c'est le raisonnement déductif ou le syllogisme, qu'il regarde comme la forme de démonstration la plus concluante, comme le raisonnement par excellence (ἡ καθόλου ἀπόδειξις

---

[1] Ch. 10, liv. 2, ch. 1, où, après avoir parlé de l'affirmation et de la négation, il ajoute : Ταυτὰ μὲν οὖν, ὥσπερ ἐν τοῖς ἀναλυτικοῖς εἴρηται, τέτακται. Le passage désigné par ces mots se trouve en effet dans les premières analytiques, à la fin du premier livre.

[2] Νῦν λέγωμεν πρῶτον ἐφ' ὅσων ἐν τοῖς ἀναλυτικοῖς περὶ ὁρισμοῦ μὴ εἴρηται (Métaph., liv. 7, ch. 12).

[3] Physic., liv. 3, ch. 5.

βελτίων τῆς κατὰ μέρος)[1], mais non pas comme le seul, ainsi que le répètent tous les jours les partisans exclusifs de Bacon et de la philosophie moderne.

Ce titre général, qui convient si bien à l'ouvrage tout entier, ne nous empêche pas de reconnaître un titre particulier et pareillement authentique pour chacune des deux parties dans lesquelles il se divise naturellement, nécessairement, et qui ont été distinguées par les plus anciens interprètes de la philosophie péripatétitienne. Nous croyons, en effet, que la première, vulgairement appelée les *premières Analytiques*, a été intitulée d'abord : *du Syllogisme* (περὶ συλλογισμοῦ), et la seconde : *de la Démonstration* (περὶ ἀποδείξεως). Nous ne manquons pas de textes qui confirment cette opinion ; mais aucun ne m'a semblé plus décisif et plus clair que le passage suivant que l'on trouve au commencement de ce traité, sa place légitime, après l'exposition du sujet et quelques autres prolégomènes : διωρισμένων δὲ τούτων, λέγωμεν ἤδη διὰ τίνων καὶ πότε καὶ πῶς γίνεται πᾶς συλλογισμός· ὕστερον δὲ λεκτέον περὶ

---

[1] Secondes analyt., liv. 1, ch. 24.

ἀποδείξεως : πρότερον γὰρ περὶ συλλογισμοῦ λεκτέον ἢ περὶ ἀποδείξεως διὰ τὸ καθόλου μᾶλλον εἶναι τὸν συλλογισμὸν [1]. Dans cet autre passage de la seconde partie, il fait mention de la première comme d'un traité à part, et la désigne formellement sous le titre que nous avons indiqué plus haut : οὕτω μὲν ἐνδέχεται ἐξ ἀλλήλων δεικνύναι πάντα τὰ αἰτηθέντα ἐν τῷ πρώτῳ σχήματι, ὡς δέδεικται ἐν τοῖς περὶ συλλογισμοῦ [2]. Au commencement du traité de l'Interprétation, il se sert d'une expression analogue pour désigner son ouvrage sur l'âme : περὶ μὲν οὖν τούτων (τῶν παθημάτων) εἴρηται ἐν τοῖς περὶ ψυχῆς. On ne s'étonnera pas après cela de ne trouver nulle part, dans le texte d'Aristote, la distinction des premières et des secondes Analytiques ; on ne pourra pas non plus en faire un argument contre l'authenticité de l'ouvrage tout entier, puisque cette distinction est expressément établie sous d'autres noms plus significatifs et plus justes. Pourtant il reste encore un léger nuage à dissiper : selon Diogène de Laërte, les premières Analytiques, ou la partie qui traite du syllogisme, était partagée en

---

[1] Premières analyt., liv. 1, ch. 4.
[2] Secondes analyt., liv. 1, ch. 3.

huit livres ; comment se fait-il qu'elle n'en ait que deux dans toutes les éditions connues ? Nous répondrons à cela que la division de chaque ouvrage d'Aristote en plusieurs livres n'est autorisée par aucun texte, qu'elle est très-souvent arbitraire et varie selon le bon plaisir des commentateurs et des éditeurs. On peut croire aussi, d'après un texte très-ancien, publié par Ménage, qu'il a existé deux ouvrages sur le syllogisme, dont l'un, composé de huit et même de neuf livres, n'était probablement qu'un essai de celui qui nous reste aujourd'hui. La question de l'authenticité étant, je crois, à peu près résolue, j'arrive à l'exposition et à l'analyse.

Les trois premiers chapitres, entièrement consacrés à l'exposition du sujet, du plan de ce traité et de quelques prolégomènes indispensables, forment une véritable introduction qui n'appartient pas plus à la première qu'à la seconde partie, mais à l'ouvrage tout entier.

Le sujet général des Analytiques est, comme nous l'avons déjà dit, tout ce qui concerne la démonstration et l'art de prouver : περὶ ἀποδείξων καὶ ἐπιστήμης ἀποδεικτικῆς.

On prouve, on démontre une proposition, qui, lorsqu'elle est envisagée comme sujet de démonstration ou de discussion, ne porte pas le même nom que lorsqu'on la considère simplement comme l'expression d'un jugement. Dans le premier cas, c'est-à-dire, dans ce traité, dans celui des Topiques et des Arguments Sophistiques, elle est toujours désignée par le mot πρότασις, qu'il ne faudrait pas traduire par celui de prémisse. Dans le deuxième cas, par exemple, dans le traité de l'Interprétation, elle est toujours appelée ἀπόφανσις, ou λόγος ἀποφαντικός.

Dans l'art de la démonstration, comme dans celui de l'expression, toute proposition est d'abord affirmative ou négative : πρότασις μὲν ἐστι λόγος καταφατικὸς καὶ ἀποφατικὸς [1]. Toute affirmation et toute négation est générale (καθόλου) ou particulière (ἐν μέρει) ou indéterminée (ἀδιόριστος). Quelles que soient sa qualité et sa quantité, la proposition exprime tantôt ce qui est, tantôt ce qui est nécessairement, et quelquefois ce qui

---

[1] Dans le Traité de l'Interprétation, ch. 5, il dit : Ἔστι δὲ πρῶτος λόγος ἀποφαντικὸς κατάφασις εἶτα ἀπόφασις

n'est pas encore, mais ce qui peut être [1]. En termes différens et plus précis : la proposition, quand on l'envisage sous un autre point de vue, est *syllogistique* (συλλογιστική) ou *apodictique* (ἀποδεικτική) ou *dialectique* (διαλεκτική). La première est l'affirmation ou la négation simple, dénuée de toute démonstration ; en un mot, l'expression de ce que Kant appelle un *jugement assertoire* (*assertoriches Urtheil*) ; la seconde est la conséquence nécessaire de certaines données, ou un principe évident par lui-même : elle a conservé le même nom dans la *Critique de la raison pure*. Enfin, la troisième, dont on fait usage dans la discussion, est une question par laquelle on donne à choisir à son interlocuteur entre les deux termes de la contradiction, c'est-à-dire, entre l'affirmation et la négation. Elle correspond parfaitement au *jugement problématique* de Kant [2].

---

[1] Πᾶσα πρότασις ἐστιν ἢ τοῦ ὑπάρχειν, ἢ τοῦ ἐξ ἀνάγκης ὑπάρχειν, ἢ τοῦ ἐνδέχεσθαι ὑπάρχειν (ch. 2).

[2] Συλλογιστικὴ μὲν πρότασις ἁπλῶς κατάφασις καὶ ἀπόφασίς τινος κατά τινος ; ἀποδεικτικὴ δὲ ἐὰν ἀληθὴς ᾖ καὶ διὰ τῶν ἐξ ἀρχῆς ὑποθέσεων εἰλημμένη : διαλεκτικὴ δὲ πυνθανομένῳ μὲν ἐρώτησις ἀντιφάσεως (ch. 1).

Toute proposition se compose de plusieurs éléments qu'on appelle des *termes* (ὅρος, *terminus* en latin), parce qu'ils sont à la proposition ce que les points sont à la ligne. Il y a trois termes dans toute proposition, envisagée comme objet de démonstration : un attribut (κατηγορούμενον), un sujet (καθ' οὗ κατηγορεῖται) et le verbe être (τὸ εἶναι), par lequel on affirme ou l'on nie, selon qu'il est seul ou accompagné de la négation [1].

Les termes et les propositions sont les éléments du syllogisme. Or, on appelle syllogisme un discours par lequel on tire de certaines données une conséquence nécessaire, sans appeler à son secours d'autres termes que ceux qui expriment ces mêmes données. Tout syllogisme qui remplit exactement cette condition est un syllogisme régulier ou parfait (τέλειος συλλογισμός). Celui qui ne la remplit pas, qui a besoin d'autres termes que ceux des prémisses, dût-il fournir une conséquence légitime, est un syllogisme

---

[1] Ὅρον δὲ καλῶ εἰς ὃν διαλύεται ἡ πρότασις οἷον τὸ τε κατηγορούμενον καὶ τὸ καθ' οὗ κατηγορεῖται, ἢ προστιθεμένου ἢ διαιρουμένου τοῦ εἶναι ἢ μὴ εἶναι (ib).

irrégulier ou imparfait (συλλογισμὸς ἀτελὴς)[1].

Il ne faut pas confondre le raisonnement ou le syllogisme avec une autre opération qu'Aristote désigne, dans sa langue, par le mot ἀντιστροφή, et que les modernes ont appelée la *conversion des propositions*. Elle consiste à changer, à convertir une proposition dans une autre, qui doit être de la même valeur et composée des mêmes termes que la première. C'est pour cela, sans doute, qu'on l'a considérée comme une espèce de syllogisme sans terme moyen, comme un raisonnement immédiat, que Kant voudrait nommer un *raisonnement de l'entendement* (ein *Verstandesschluss*), pour le distinguer du raisonnement ordinaire (*Vernunftschluss*)[2]. Voici à peu près toutes les règles de la

---

[1] Συλλογισμὸς δέ ἐστι λόγος ἐν ᾧ, τεθέντων τινῶν, ἕτερόν τι τῶν κειμένων ἐξ ἀνάγκης συμβαίνει τῷ ταῦτα εἶναι. Λέγω δὲ τῷ ταῦτα εἶναι, τὸ διὰ ταῦτα συμβαίνειν : τὸ δὲ διὰ ταῦτα συμβαίνειν τὸ μηδενὸς ἔξωθεν ὅρου προσδεῖν πρὸς τὸ γίνεσθαι τὸ ἀναγκαῖον. Toutes ces propositions se succèdent dans l'ordre où je viens de les exposer. Il en sera de même des suivantes. Je ne me réserve que le droit, qui doit appartenir à l'analyse, d'en faire sentir l'enchaînement.

[2] *Critique de la raison pure*, introduct. à la dialectique transcend.

conversion : 1° Une proposition générale et négative doit être convertie dans une proposition de même nature, c'est-à-dire, dans sa réciproque. Par exemple, si aucune volupté n'est un bien, il faudra dire aussi qu'aucun bien n'est une volupté. 2° Une proposition générale et affirmative se convertit en une proposition particulière de même qualité. Par exemple, si toute volupté est un bien, il faut admettre par conversion qu'il y a des biens qui sont des voluptés; mais on ne dira pas la même chose de tous les biens. 3° Une affirmation particulière se convertit dans sa réciproque comme une négation générale. 4° Il n'y a pas de conversion possible pour une proposition particulière négative. Ces règles s'appliquent également à toutes les propositions, sans distinction de modalité, comme on dirait dans le langage du criticisme [1].

Après toutes ces définitions et ces prolégo-

---

[1] La démonstration de ces règles remplit entièrement les ch. 2 et 3. En voici les formules principales : ἡ μὲν καθόλου στερητικὴ, καθόλου ἀντιστρέφει. — Τὴν κατηγορικὴν ἀντιστρέφειν μὲν ἀναγκαῖον, οὐ μὴν καθόλου, ἀλλ᾽ ἐν μέρει. — Τῶν δὲ ἐν μέρει τὴν μὲν καταφατικὴν ἀντιστρέφειν ἀνάγκη κατὰ μέρος. — Τὸ δὲ ἐν μέρει στερητικὸν οὐκ ἀντιστρέφει.

mêmes, dont nous n'avons presque rien omis, parce qu'ils nous semblent réellement nécessaires, on arrive enfin à la science de la démonstration, que l'auteur divise en deux parties, comme nous l'avons déjà dit, et même en deux traités distincts, qui ont chacun leur titre particulier : dans l'un, on fera connaître la forme de la démonstration, c'est-à-dire, tout ce qui concerne le *syllogisme* qui est au raisonnement ce que la proposition est au jugement. Dans l'autre, on examinera la *démonstration* elle-même, ses bases, sa valeur et ses règles: Il faut commencer par le syllogisme, qui est la forme et la condition générale de toute démonstration [1].

Première Partie. — PREMIÈRES ANALYTIQUES,
ou du
Syllogisme.

Si le principe de contradiction ou d'identité est le principe suprême, le criterium unique de toute vérité, ainsi qu'on le démontre très-

---

[1] Voyez, un peu plus loin, ce qui est relatif à l'authenticité.

longuement dans le troisième livre de la Métaphysique, il est évident que le syllogisme doit être la forme générale de toute démonstration, car il n'est que l'expression de l'identité; non pas sans doute de l'identité *ontologique* qui est le caractère fondamental de l'idée de substance ou d'être, mais de l'identité *logique*, comme celle qui existe entre plusieurs propositions particulières, vraies ou fausses, qui sont comprises dans une *seule et même* proposition générale. En effet, lorsque, par exemple, j'affirme séparément que tel homme et tel autre sont mortels, je répète ce qui est déjà exprimé par cette proposition générale : tous les hommes sont mortels. En un mot, le syllogisme, quand il est bien fait, nous montre qu'en affirmant ou en niant ce qui est maintenant en question, nous ne faisons que répéter, au moins en partie, une vérité déjà reconnue. Il ne faut donc pas s'étonner si Aristote, peut-être le plus conséquent de tous les philosophes, s'est tant appesanti, nous a laissé tant de règles et de détails sur la construction du syllogisme et sur l'art de s'en servir. Ces règles et ces formes multipliées ont été si long-temps à peu près le seul objet de l'enseignement philosophique; on a si longtemps gémi sous leur torture; elles sont encore si universellement connues, qu'il n'est pas nécessaire, je pense, de les reproduire dans cette analyse avec une minutieuse exactitude; nous nous contenterons de les rappeler sommairement et de faire connaître, si nous le pouvons, la méthode et l'esprit qui ont dirigé leur premier inventeur.

Malgré l'immense confusion que l'on croit y découvrir à la première lecture, il y a pourtant, dans le traité particulier dont nous allons donner la substance, un plan aussi régulier et aussi sage que dans l'ouvrage dont il fait partie, ou dans les analytiques considérées dans leur ensemble. Il se divise en trois sections, dont la distinction est beaucoup plus naturelle et d'une authenticité bien plus facile à démontrer que celle des deux livres si généralement reconnus. Dans la première, on s'occupe simplement de la construction du syllogisme ou de sa forme proprement dite (γένεσις τῶν συλλογισμῶν); dans la seconde, on expose les moyens d'en trouver les matériaux: elle pourrait être intitulé εὕρεσις; enfin, dans la troisième, on apprend l'art de combiner le syllogisme et de ramener le raisonnement, de le réduire à sa forme naturelle et primitive, lorsqu'il en a été écarté par le langage vulgaire ou oratoire. En tête de cette troisième partie, on pourrait écrire le mot ἀνάλυσις [1].

§ 1ᵉʳ. *De la Construction du Syllogisme* (γένεσις τῶν συλλογισμῶν).

Pour construire un syllogisme régulier, il faut trois termes, dont le dernier doit être entièrement renfermé dans celui du milieu; mais celui du milieu peut être ou n'être pas renfermé dans le premier. Dans un cas, le résultat du syllogisme est positif; dans l'autre,

---

[1] Il est vrai que ce plan n'est pas indiqué dès le commencement, mais il est clairement formulé dans les textes suivants : ἀυ μόνον ἴσως δεῖ θεωρεῖν τὴν γένεσιν τῶν συλλογισμῶν, ἀλλὰ καὶ τὴν δύναμιν ἔχειν τοῦ ποιεῖν (premières analyt., liv. 1, ch. 27). — Ἐκ τὴν γένεσιν τῶν συλλογισμῶν θεωροῖμεν καὶ τοῦ εὑρίσκειν ἔχοιμεν δύναμιν· ἔτι δὲ τοὺς γεγενημένους ἀναλύοιμεν εἰς τὰ προειρημένα σχήματα, τέλος ἂν ἔχοι ἡ ἐξ ἀρχῆς πρόθεσις (ib., ch. 32). Il a été reconnu par un des plus savants éditeurs des œuvres d'Aristote, par Buhle (tome 2, *Argumentum Analyticorum*).

il est négatif. Le terme le plus important est donc celui du milieu, qu'on appelle, pour cette raison, le moyen (τὸ μέσον, *terminus medius*). Il est à la fois sujet et attribut (ὅ καὶ αὐτὸ ἐν ἄλλῳ καὶ ἄλλο ἐν τούτῳ ἐστί). Le premier, qu'on appelle le grand terme (τὸ μεῖζον, *terminus major*), tient exclusivement lieu d'attribut (αὐτὸ ἐν ἄλλῳ ὄν), et le dernier, qu'on appelle le petit terme (τὸ ἔλαττον, *terminus minor*), représente toujours un sujet (ἐν ᾧ ἄλλο ἐστί). Le grand et le petit terme sont aussi nommés les extrêmes (τὰ ἄκρα). Les diverses manières dont on peut disposer ces trois éléments généraux et indispensables de tout syllogisme donnent naissance aux figures (τὰ σχήματα), qui sont au nombre de trois. La quatrième figure, qu'on a placée plus tard sur la même ligne que les autres, n'est pas mentionnée dans le traité des Analytiques, ni dans aucun autre ouvrage d'Aristote [1].

Dans la première figure, les termes sont disposés dans leur ordre naturel, c'est-à-dire que le terme moyen, à la fois sujet et attribut,

---

[1] Ch. 4. — Voy. Kant, de la *fausse subtilité* des 4 figures syllogistiques.

est placé entre les deux extrêmes (καὶ τῇ θέσει γίνεται μέσον) dont il opère la réunion, sans demander aucun effort d'intelligence. Il n'y a dans cette figure que des syllogismes réguliers. Elle est la plus parfaite et suffit à elle seule pour résoudre tous les problèmes imaginables. Les règles auxquelles elle est subordonnée sont les règles et les conditions générales de tout syllogisme [1].

Dans la seconde figure, le terme moyen joue deux fois le rôle d'attribut : une fois dans la majeure ; une seconde fois dans la mineure ; et les deux extrêmes représentent les sujets de ces deux attributs. Tous les syllogismes qui appartiennent à cette figure sont irréguliers (τέλειος μὲν οὐκ ἔσται συλλογισμὸς οὐδαμῶς ἐν τούτῳ σχήματι), et conduisent à une conclusion négative, quelle que soit la quantité de leurs prémisses [2].

Enfin, dans la troisième figure, le moyen est deux fois considéré comme sujet, et chacun des deux extrêmes comme un attribut. Pourvu que

---

[1] Δῆλον δὲ ὅτι πάντες οἱ ἐν αὐτῷ συλλογισμοὶ τέλειοί εἰσι.... καὶ ὅτι πάντα τὰ προβλήματα δείκνυται διὰ τούτου τοῦ σχήματος (ch. 4).

[2] Οὐ γίνεται καταφατικὸς συλλογισμὸς διὰ τούτου σχήματος ἀλλὰ πάντες στερητικοί (ch. 5).

les attributs ne soient pas tous deux négatifs, la conclusion, et par conséquent le syllogisme, sera possible ; mais il ne sera jamais régulier, non plus que dans la figure précédente (τέλειος μὲν οὖν οὐ γίνεται συλλογισμὸς οὐδὲ ἐν τούτῳ σχήματι. Δύνατος δ' ἔσται)[1].

Après avoir été étudiées séparément dans les moindres détails, ces trois figures sont examinées de nouveau d'une manière sommaire, et subordonnées à des conditions ou des règles générales, dont voici les plus importantes : 1° Lorsque les deux extrêmes sont des termes particuliers, quelle que soit d'ailleurs leur qualité, le syllogisme est impossible. 2° Lorsque l'un est affirmatif et l'autre négatif, pourvu que ce dernier soit pris dans un sens général, la conclusion sera négative. Dans tout autre cas, la conclusion est positive. Or, tels étant précisément les caractères de la première figure, il en résulte que toutes les autres peuvent se ramener à celle-ci (ἔστι δὲ ἀναγάγειν πάντας τοὺς συλλογισμοὺς εἰς τοὺς ἐν τῷ πρώτῳ σχήματι καθόλου συλλογισμοὺς)[2].

[1] Ch. 6.
[2] Ch. 7.

Outre ces figures, on a reconnu plus tard un grand nombre de *Modes* dont chacun a ses règles particulières qui varient suivant la figure à laquelle il appartient ; mais ni le nom ni la chose qu'il désigne ne se rencontrent dans les œuvres d'Aristote [1]. Encore bien moins faut-il lui attribuer l'invention de ces mots barbares par lesquels on a désigné après lui toutes les combinaisons possibles du syllogisme. Seulement, après avoir fait connaître les formes générales de la démonstration et les conditions sans lesquelles il n'y a pas de conclusion possible, il veut savoir quelle sera la nature de cette conclusion, quand on établit dans les prémisses la différence du nécessaire, du contingent et du possible.

Si les prémisses sont toutes deux des propositions nécessaires, la conclusion sera également nécessaire ; elle sera affirmative ou négative, selon les règles générales du syllogisme, et il n'y aura rien de changé que l'addition du terme

---

[1] On y trouve une ou deux fois le mot τρόπος dans le sens attaché par Kant à celui de modalité. Encore n'est-ce pas dans le texte, mais dans un titre dont l'authenticité est plus que suspecte ; c'est celui des ch. 12 et 13 du traité de l'Interprétation : περὶ τῶν ἀποφανσέων τῶν μετὰ τρόπου.

qui exprime l'idée de nécessité. Cette règle s'applique indistinctement à toutes les figures [1].

La conclusion est encore nécessaire, quand même l'une des prémisses serait contingente, pourvu que l'autre soit une proposition nécessaire. Mais il faut, lorsque le syllogisme appartient à la première figure, que cette proposition renferme le grand terme, c'est-à-dire, qu'elle ne peut être que la majeure. Dans les autres figures, il suffit qu'elle renferme l'un des extrêmes et qu'elle exprime une négation générale. Une proposition générale, mais affirmative, ou une proposition particulière, quelle qu'en soit la qualité, ne pourrait pas conduire à une conclusion nécessaire. Voilà à peu près tout ce qu'on peut recueillir dans trois énormes chapitres [2].

Avant de rechercher dans quels cas la conclusion est contingente, Aristote établit une distinction très-importante entre cette idée et celle du hasard. Le mot contingent, dit-il (τὸ ἐνδεχόμενον), s'applique indistinctement à deux sortes de faits ; les uns qu'on ne saurait prévoir et qui

---

[1] Ch. 8.
[2] Ch. 9, 10 et 11.

ne se reproduisent jamais dans un ordre déterminé ; les autres, que l'on prévoit facilement, parce qu'ils se reproduisent fréquemment et toujours de la même manière. Les premiers ne peuvent pas être l'objet de la science, et par conséquent ne sont jamais exprimés sous la forme du syllogisme. Les derniers se divisent d'eux-mêmes en deux classes : ceux qui peuvent être, mais qui ne sont pas encore, et ceux qui existent actuellement, mais qui pourraient aussi ne pas exister; c'est-à-dire, les faits possibles et les faits réels[1].

De cette distinction résultent plusieurs cas particuliers qui peuvent exercer de l'influence sur la nature de la conclusion et donner naissance à des règles nouvelles. Au moins devaient-ils fixer l'attention de celui qui le premier a cherché, par la méthode d'observation, à déterminer les lois et toutes les formes possibles du raisonnement. Ils sont au nombre de trois : 1° les prémisses peuvent exprimer toutes deux l'idée d'un fait contingent, mais réel ; 2° elles peuvent exprimer toutes deux l'idée

---

[1] Τὸ ἐνδέχεσθαι κατὰ δύο λέγεται τρόπους : ἕνα μὲν τὸ ὡς ἐπὶ τὸ πολὺ γίνεσθαι.... ἄλλον δὲ τρόπον τὸ ἀόριστον, ὃ καὶ οὕτως καὶ μὴ οὕτως δυνατόν, etc. (Ch. 12.)

du possible, dans le sens que nous y avons attaché tout-à-l'heure, d'une chose qui n'existe pas encore, mais qui est dans les lois de la nature ; 3° lorsque l'une renferme l'idée du contingent proprement dit (τὸ ὑπάρχον), l'autre peut exprimer celle du possible (τὸ ἐνδεχόμενον). Chacune de ces trois circonstances est observée successivement dans les trois figures du syllogisme, où il faut encore que l'on prenne en considération la quantité et la qualité des propositions. Sans doute ces observations détaillées, qui remplissent à peu près dix chapitres [1], ne conduisent pas à des résultats très-utiles ; mais ces résultats, pouvait-on les connaître sans les chercher ? Aristote lui-même, après qu'il y est arrivé, n'y attache pas plus d'importance qu'ils ne méritent, puisqu'il dit expressément que toutes les formes possibles du raisonnement se réduisent aux trois figures, qui elles-mêmes peuvent se ramener à la première, en dehors de laquelle il n'existe pas de syllogisme régulier [2].

---

[1] Depuis le ch. 15 inclusiv., jusqu'au ch. 22. Premières analyt., liv. 1.

[2] Πᾶσαν ἀπόδειξιν καὶ πάντα συλλογισμὸν ἀνάγκη γίνεσθαι διὰ τριῶν τῶν προειρημένων σχημάτων. Τούτου δὲ δειχθέντος δῆλον ὡς ἅπας τε

Tout syllogisme, à quelque figure qu'il appartienne, et quelles que soient ses prémisses, a pour but de prouver qu'une chose existe ou n'existe pas. Or, ce but peut être atteint de deux manières : l'une, directe (διὰ τοῦ ἐκθέσθαι), lorsqu'on part d'un principe reconnu vrai, dont on tire une conséquence légitime ; et l'autre, indirecte (διὰ τοῦ ἀδυνάτου), lorsqu'on renverse une hypothèse absurde par l'absurdité de ses conséquences [1]. On peut donc, sans rien changer aux règles générales qu'on vient d'exposer, distinguer deux espèces de syllogisme : le syllogisme démonstratif (οἱ δεικτικοί) que nous nommerons plus justement, avec Kant, le syllogisme *catégorique*, celui dont on fait un si fréquent usage dans les sciences mathématiques, et qu'on appelle dans notre langue, comme dans celle d'Aristote, la *réduction à l'absurde* (εἰς τὸ ἀδύνατον ἀπαγωγή, ou simplement ἀπαγωγή). Mais ce genre de démonstration n'est qu'un cas particulier du syllogisme

συλλογισμὸς ἐπιτελεῖσθαι διὰ τοῦ πρώτου σχήματος καὶ ἀνάγεται εἰς τοὺς ἐν τούτῳ καθόλου συλλογισμούς (ch. 22).

[1] Ἔστι δὲ καὶ διὰ τοῦ ἀδυνάτου καὶ τοῦ ἐκθέσθαι ποιεῖν τὴν ἀπόδειξιν... (Ib.)

hypothétique (οἱ ἐξ ὑποθέσεως). Un peu plus loin [1], il est question d'une troisième espèce de syllogisme dont on ne parle pas beaucoup, parce qu'il n'est pas d'un usage aussi général que les précédents, et qu'il appartient à la Dialectique plutôt qu'à l'art de la Démonstration : c'est le syllogisme *disjonctif*, désigné par ces mots : ἡ διὰ τῶν γενῶν διαίρεσις, ou simplement διαίρεσις. Cette division de tous les syllogismes en trois classes, *catégoriques*, *hypothétiques* et *disjonctifs*, est celle qui a été reconnue par Kant, et dont il sait tirer un parti admirable dans sa Dialectique Transcendentale [2]. Elle représente, comme on sait, la catégorie de la *Relation*. Le nécessaire, le réel et le possible, qui font la matière des considérations qui précèdent, sont compris sous le titre général de *Modalité*. Enfin, la distinction des différentes figures est entièrement fondée sur la *Quantité* et la *Qualité*. Ainsi, le syllogisme est envisagé sous les mêmes points de vue que la proposition, et le traité de l'interprétation est à la fois l'antécédent logique et l'antécédent chronologique de l'ouvrage que nous examinons maintenant.

[1] Ch. 31.
[2] Critique de la raison pure, p. 368, 7ᵉ édit.

Telles sont en substance les règles les plus utiles qui se rapportent exclusivement à la construction du syllogisme. D'abord noyés et comme perdus dans une multitude de faits minutieux, qui ne pouvaient pas être négligés par le premier qui a voulu fonder l'art de raisonner sur l'observation du langage, et parce qu'il faut avoir examiné une prodigieuse quantité de faits, avant de trouver un petit nombre de lois ou de règles véritablement utiles, ces résultats sont reproduits avec beaucoup de lucidité et accompagnés d'observations nouvelles dans un résumé assez étendu [1], qu'on prendrait pour une répétition surabondante, si l'on ne connaissait pas l'esprit, la méthode et la division de ce traité. Puis, avant d'abandonner ce terrain et d'indiquer les matériaux du syllogisme, l'auteur fait une réflexion générale dont l'importance égale au moins la justesse, et qui pourtant n'est que la conséquence légitime de ces observations syllogistiques que le critique le plus pénétré de respect pour le génie antique, dont les dépouilles pourraient encore enrichir bien des intelligences modernes,

[1] Ch. 23, 24 et 25; Premières Analyt., liv. 1.

ne peut s'empêcher quelquefois de traiter avec dédain et de lire avec impatience : « Nous savons, » dit-il, par tout ce qui précède, que les propo- » sitions générales et affirmatives ne peuvent se » démontrer que par la première figure ; les pro- » positions générales et négatives se démontrent » par la seconde et par la troisième ; les pro- » positions particulières, par toutes indifférem- » ment, et dans chacune de plusieurs manières. » Or, les problèmes les moins faciles à résoudre » sont évidemment ceux qui n'offrent qu'un seul » moyen de solution ; donc il n'est rien de plus » difficile à démontrer que les principes géné- » raux, soit positifs ou négatifs, mais particu- » lièrement les premiers, parce qu'un seul fait » suffit pour les renverser, et il en faut au » contraire un très-grand nombre pour les » rendre dignes de confiance. On s'aperçoit en » même temps qu'il est bien moins facile d'édi- » fier que de détruire [1]. »

---

[1] C'est à peu près la traduction du ch. 26 : τὸ μὲν οὖν κατα- φατικὸν τὸ καθόλου διὰ τοῦ πρώτου σχήματος δείκνυται μόνον καὶ διὰ τούτου μοναχῶς.... φανερὸν οὖν ὅτι τὸ καθόλου κατηγορικὸν κατα- σκευάσαι μὲν χαλεπώτατον, ἀνασκευάσαι δὲ ῥᾷστον, καὶ γὰρ ἄν τινι

§ 2. *Des Matériaux du Syllogisme.*

De tous les matériaux qui peuvent entrer dans la construction du syllogisme, soit comme moyens, soit comme objets de démonstration, les uns représentent exclusivement des sujets et ne peuvent jamais servir d'attributs; les autres représentent exclusivement des attributs et ne peuvent jamais servir de sujets. Les premiers sont les êtres individuels qui ne parlent qu'à nos sens et dont l'existence ne peut pas être démontrée; ils sont au-dessous de la science : les derniers sont les idées abstraites et universelles, qui servent de base à toute démonstration; ils sont au-dessus de la science. Enfin, il y en a qui tiennent le milieu entre ces deux extrêmes, qui peuvent servir en même temps et de sujets et d'attributs, et ceux-là sont les véritables objets de la science et des démonstrations scientifiques. Dans cette simple division, il n'est pas difficile

---

μὴ ὑπάρχῃ ἀνῄρηται. — Ἅμα δὲ δῆλον ὅτι καὶ τὸ ἀνασκευάζειν ἐστὶ τοῦ κατασκευάζειν ῥᾷον (ch. 20).

de reconnaître l'auteur de la Métaphysique, qui cherche constamment à marier la sensation à l'idée, ou la raison à l'expérience, et qui repousse également l'empirisme et le rationalisme exclusifs, en accusant le premier d'être contraire à la science et le second à la réalité. Cette harmonie se fera encore mieux sentir par la suite [1].

Quand on a choisi son sujet, il faut le définir ; il faut en déterminer la nature et les propriétés ; il faut remonter à ses principes, le suivre dans ses conséquences, et en un mot l'embrasser sous toutes ses faces. Pour bien connaître les qualités d'une chose, il est nécessaire de les diviser en trois classes : les unes essentielles, générales, et qui entrent nécessairement dans sa définition (ὅσα ἐν τῷ τί ἐστι) ; les autres, particulières, mais permanentes (τὰ ἴδια), et enfin les simples accidents (τὰ συμβεβηκότα) ou circonstances fortuites,

---

[1] Ἁπάντων δὴ τῶν ὄντων τὰ μὲν ἐστι τοιαῦτα ὥστε κατὰ μηδενὸς ἄλλου κατηγορεῖσθαι ἀληθῶς, κατὰ δὲ τούτων ἄλλα · τὰ δὲ αὐτὰ μὲν κατ' ἄλλων κατηγορεῖται κατὰ τούτων δὲ ἄλλα οὐ κατηγορεῖται · τὰ δὲ καὶ αὐτὰ ἄλλων καὶ αὐτῶν ἕτερα, etc., ch. 27. — Conf., Métaph., liv. B, pass. la Critique de l'école de Zénon et des naturalistes (οἱ φυσιολόγοι)).

sans généralité et sans durée [1]. Mieux on observera toutes ces règles, et plus prompts et plus sûrs seront les résultats. Ce serait peut-être ici le lieu de parler de la définition ; mais il en sera question plus tard, dans le traité de la Démonstration proprement dite et de la Dialectique.

Après avoir exposé le très-petit nombre de règles générales qui appartiennent au point de vue où nous sommes placés maintenant, l'auteur examine, suivant son habitude, quel usage on en doit faire dans les différents cas particuliers que nous avons énumérés précédemment [2], et si elles pourraient servir également pour toute espèce de syllogisme. Jusqu'à présent on peut compter trois espèces de syllogisme, comme nous savons : le catégorique ou le *démonstratif*, l'*hypothétique*, ou la réduction à l'absurde, et le *disjonctif*. Mais le dernier n'étant dans l'opinion d'Aristote qu'un argument très-faible (ἀσθενὴς συλλογισμός), et souvent même un véritable paralogisme (ὃ μὲν γὰρ δεῖ δεῖξαι αἰτεῖται), n'appartient

---

[1] Διαιρετέον τῶν ἑπομένων ὅσα τε ἐν τῷ τί ἐστι, καὶ ὅσα ὡς ἴδια καὶ ὅσα ὡς συμβεβηκότα κατηγορεῖται, etc. (Ch. 27.)

[2] Ch. 28.

pas beaucoup à l'art de la démonstration ou à la méthode syllogistique dont il est exclusivement question dans ce traité (μίκρὸν τι μόριον ἐστὶ τῆς εἰρημένης μεθόδου). Quant aux deux premiers, il n'existe entre eux aucune différence, ni dans les matériaux, ni dans la forme, ni dans le résultat. Ils se composent également de trois termes et de deux propositions ; ils admettent les mêmes figures et l'on peut indifféremment les employer l'un ou l'autre pour arriver à la même conclusion. Par conséquent, il faut aussi qu'ils aient les mêmes lois et les mêmes règles [1].

On comprend sans peine qu'il y a peu de chose à dire sur ce sujet, envisagé comme il est sous un point de vue purement matériel. En effet, lorsqu'on connait exactement la construction du syllogisme, quand on l'a étudiée, comme il l'a fait jusqu'à présent, dans son ensemble et dans ses détails, il n'est guère possible de ne pas connaître en même temps les propositions et les termes dont il doit se composer; par conséquent, il ne reste rien à ajouter sur

---

[1] Νῦν δὲ τοσοῦτον ἡμῖν ἐστὶ δῆλον ὅτι εἰς ταῦτα βλεπτέον δεικτικῶς τε βουλομένοις συλλογίζεσθαι καὶ εἰς τὸ ἀδύνατον ἀγεῖν (ch. 29 et 30).

l'art de les trouver qui fait précisément l'objet de la section que nous examinons maintenant. Les véritables matériaux du syllogisme, c'est-à-dire, du raisonnement, ne sont ni les propositions, ni les termes, mais les faits, de quelque nature qu'ils soient, visibles ou invisibles. Or, les faits ne sont connus que par l'observation. Ainsi, l'art de trouver les matériaux du syllogisme n'est pas autre chose que l'art d'observer, ou la méthode que Bacon et Descartes ont découverte deux mille ans plus tard. Cependant, Aristote a fort bien senti l'insuffisance du raisonnement et de toutes ses formes. Quoiqu'il n'en ait pas tracé les règles, il a compris aussi bien que les philosophes modernes ; il proclame hautement la nécessité de l'observation et de l'expérience. De son propre aveu, la méthode syllogistique n'est bonne qu'à abréger les recherches et à fixer notre attention sur un petit nombre de principes incontestables ; mais elle ne peut pas nous dispenser de l'expérience, car c'est elle au contraire qui doit nous fournir les principes de toute science et les bases du raisonnement (τὰς μὲν ἀρχὰς τὰς περὶ ἕκαστου ἐμπειρίας ἐστὶ παραδοῦναι). Ce n'est qu'après avoir exactement observé les faits (ληφθέντων ἱκανῶς τῶν φαινομένων) qu'on peut se flatter de raisonner juste et de démontrer la vérité[1].

§ 3. *De la réduction du Syllogisme à ses éléments et à ses formes primitifs.*

Il arrive souvent qu'une démonstration est entièrement défigurée dans l'expression, qu'elle est mutilée ou délayée. Il faut alors la ramener à sa forme primitive et la réduire à ses éléments indispensables. La marche qu'il faut suivre dans cette œuvre de décomposition n'est pas celle qui a été prescrite dans la construction du syllogisme. Là, on commence par les termes; puis avec les termes on construit les propositions, c'est-à-dire, les prémisses, et enfin l'on arrive à la conclusion. Ici, au contraire, la conclusion étant donnée, il faut d'abord chercher les prémisses, avant de porter son attention sur les autres éléments, parce qu'on trouve plus facilement le composé que le simple. C'est donc avec raison que l'on

---

[1] Ἑὼν λήφθῃ τὰ ὑπάρχοντα περὶ ἕκαστον, ἡμέτερον ἤδη τὰς ἀποδείξεις ἑτοίμως ἐμφανίζειν (ch. 30).

donne à cette partie le titre d'*Analyse* (ἀνάλυσις)[1].

Il n'est pas tout-à-fait aussi facile qu'on le pense de trouver les prémisses d'un raisonnement qui n'est pas exprimé sous la forme logique. Souvent elles sont cachées par une foule de propositions inutiles, étrangères, ou qui n'appartiennent qu'indirectement à l'objet de la démonstration. Quelquefois elles sont complètement omises, parce qu'il y a des vérités si évidentes qu'il suffit de les énoncer pour les faire adopter sur-le-champ. Si tout syllogisme bien fait conduit à une conclusion nécessaire, il n'en résulte pas que tout ce qui est nécessaire soit la conclusion d'un syllogisme. Il faudra donc retrancher le superflu et suppléer à ce qui manque. Les prémisses étant trouvées, il faudra les comparer entre elles et distinguer la majeure de la mineure[2].

Après avoir ramené le raisonnement tout entier à ses propositions essentielles, on essaiera pareillement de réduire chaque proposition à ses

---

[1] Πρῶτον δεῖ πειρᾶσθαι τὰς δύο προτάσεις ἐκλαμβάνειν τοῦ συλλογισμοῦ, ῥᾷον γὰρ εἰς τὰ μείζω διελεῖν, ἢ τὰ ἐλάττω· μείζω δὴ τὰ συγκείμενα· ἢ τὰ ἐξ ὧν σύγκειται (ch. 32).

[2] Ib.

termes indispensables, et l'on commencera ses recherches par le terme moyen ; car, celui-là étant trouvé, il ne sera pas difficile de déterminer les deux autres. Or, le moyen ainsi que les extrêmes ne conservent pas toujours la place qui leur appartient; on essaiera de les reconnaitre à d'autres caractères beaucoup plus essentiels et moins trompeurs. La démonstration de ce seul point remplit plusieurs chapitres [1], parce qu'on le prouve successivement pour toutes les figures, au moyen des lettres de l'alphabet, comme cela se pratique dans tout l'ouvrage. Il ne faut pas croire non plus qu'un terme du syllogisme ait toujours besoin d'être matériellement représenté par un terme de la langue, ou par un seul mot ; ils sont quelquefois exprimés par des propositions entières, comme il arrive fréquemment dans les sciences mathématiques. Lorsque cela n'a pas lieu, il peut arriver que les mots qui les représentent soient détournés de leur signification ou de leur forme primitive ; ce qui change entièrement les conditions de la démonstration.

---

[1] La moitié du ch. 32, depuis ces mots : ἀπὸ τοῦς ὅρους ; les ch. 33 et 34 tout entiers.

Il ne faut donc pas craindre de remplacer un terme par un autre, un mot par une phrase, et plus souvent encore une phrase par un mot, quand cela peut servir à rendre le raisonnement plus intelligible et sa forme plus simple [1]. Il faut pourtant faire une différence entre le syllogisme démonstratif et le syllogisme hypothétique. Il ne faut pas tenter de ramener ce dernier à une forme plus simple, parce qu'il repose sur une simple convention à laquelle on ne doit rien changer, même dans l'expression. Il en est de même de la réduction à l'absurde, qui n'est qu'un cas particulier du syllogisme hypothétique. On ne parviendra pas, par ce moyen, à convaincre son adversaire, si l'on ne conserve religieusement tous les termes dont il s'est servi pour exprimer son hypothèse [2].

Une fois le syllogisme reconstruit dans la tota-

---

[1] Ch. 55, 56 et 57. — Δεῖ δὲ καὶ μεταλαμβάνειν ἃ τὸ αὐτὸ δύναται, ὀνόματα ἀντ' ὀνομάτων καὶ λόγους ἀντὶ λόγων, καὶ ὄνομα ἀντὶ λόγου τοὔνομα λαμβάνειν (ch. 57).

[2] Τοὺς ἐξ ὑποθέσεως συλλογισμοὺς οὐ πειρατέον ἀνάγειν· οὐ γὰρ διὰ συλλογισμοῦ δεδειγμένοι εἰσίν, ἀλλὰ διὰ συνθήκης ὡμολογημένοι πάντες (ch. 58).

lité de ses éléments, tant simples que composés, il est facile de voir par la nature de sa conclusion à quelle figure il doit appartenir. Alors on peut, si l'on veut, lui en substituer une autre, en déplaçant les termes et les propositions, sans changer leur valeur ; car toutes les figures peuvent se résoudre les unes dans les autres, et par conséquent être ramenées à la première, qui seule réunit toutes les conditions de la perfection. Les syllogismes qui ne pourraient pas soutenir cette épreuve ne seraient pas légitimes et n'appartiendraient à aucune autre figure [1]. Puis viennent quelques préceptes sur la place que doivent occuper l'affirmation et la négation, sur l'art d'éviter la tautologie et la contradiction, dans le cas où le syllogisme renfermerait des propositions indéterminées. C'est ce passage qu'on veut désigner dans le traité de l'Interprétation, où le même sujet est développé avec beaucoup d'étendue [2].

Les trois points de vue sous lesquels on vient

[1] Ch. 39.
[2] Ch. 40. Voy. περὶ ἑρμηνείας (ch. 10).

d'examiner le syllogisme sont seulement la matière de ce qu'on appelle le premier livre des premières Analytiques. Aussi, est-il assez difficile de déterminer nettement de quoi traite le second livre ; car il sort absolument du plan que l'auteur s'est tracé dans le premier. Les commentateurs de l'école ont dit que celui-là considérait le syllogisme dans le moment de sa formation, *in fieri*, et celui-ci, dans le moment où il est déjà tout formé et tout construit, *in facto*. Cette obscure subtilité n'avance pas beaucoup la solution de la question. Il est pourtant impossible de nier l'authenticité de ce fragment, et l'on voit dès les premiers mots, qui rappellent brièvement les divers points de vue que nous venons de parcourir, que sa place est immédiatement à la suite de tout ce qui précède, et qu'il fait réellement partie du traité sur le syllogisme. Il me semble qu'après avoir donné une description complète de cette forme de démonstration, qui est évidemment l'objet de sa prédilection, qu'il regarde comme la plus générale, la plus régulière et la plus décisive, Aristote devait chercher s'il n'en existe pas encore d'autres ; il devait essayer d'en donner une idée exacte, quoique moins étendue, ainsi que les diverses transformations ou applications du syllogisme lui-même. Or, je ne crains pas d'affirmer que tel est précisément l'objet de ce second livre, qui ne rentre pas dans le plan, mais qui est un supplément nécessaire du premier.

En effet, à part les quatre premiers chapitres, où l'on prouve séparément pour chaque figure (fait assez évident par lui-même) que la fausseté des prémisses n'empêche pas toujours la conclusion d'être vraie, il ne renferme pas autre chose que l'énumération des divers moyens de démonstration qui se distinguent du syllogisme, au moins par leur forme extérieure. Mais tous ne doivent pas trouver une place ici, parce que les uns ont déjà été exposés plus haut, et sont dans le texte l'objet d'une répétition que l'on pourrait excuser, s'il le fallait, par les développements nouveaux, quoique bien minutieux, dont ils sont accompagnés. Tels sont, par exemple, ceux que nous avons nommés la *Conversion* (τὸ ἀντιστρέφειν), ou le raisonnement immédiat, et la réduction à l'absurde (ἀπαγωγὴ εἰς ἀδύνατον), dont chacune remplit plusieurs chapitres. Telles sont encore les conditions de la contradiction dont on peut se servir pour la réfutation (πρὸς τὸ δικαιολογεῖν). Les autres n'appartiennent pas à la démonstration, mais à la discussion, c'est-à-dire, à la dialectique et non à la méthode proprement dite. Nous les retrouverons plus tard dans les Topiques et les Arguments Sophistiques. Nous voulons parler du Cercle (τὸ κύκλῳ καὶ ἐξ ἀλλήλων δείκνυσθαι), de la pétition de principe (τὸ ἐν ἀρχῇ αἰτεῖσθαι), de celui qu'on appelle : τὸ μὴ παρὰ τοῦτο συμβαίνειν τὸ ψεῦδος, et qui n'est pas autre chose que le *non causa pro causâ*; des moyens de surprendre son adversaire par une conclusion inattendue (τὸ κατασυλλογίζεσθαι) ; des moyens d'éviter une telle surprise (πρὸς τὸ μὴ κατασυλλογίζεσθαι), de l'argument proprement dit (ὁ ἔλεγχος), ou syllogisme de la contradiction (ἀντιφάσεως συλλογισμός), et de quelques autres sophismes désignés ici sous le nom général de surprise : κατὰ τὴν ὑπόληψιν ἀπάτη [1].

Les seuls dont nous puissions rendre compte,

---

[1] Voici l'ordre dans lequel ils sont énumérés, avec l'indication des chapitres qui leur sont consacrés : 1° τὸ κύκλῳ δείκνυσθαι (ch. 5, 6 et 7). — 2° Τὸ ἀντιστρέφειν (ch. 8, 9, 10). — 3° Ἀπαγωγὴ εἰς ἀδύνατον (ch. 11, 12, 13, 14). — 4° Περὶ τῶν ἀντικειμένων (ch. 15, 16, 17). — 5° Τὸ ἐν ἀρχῇ αἰτεῖσθαι (ch. 18). — 6° Τὸ μὴ παρὰ τοῦτο (ch. 19). — 7° Κατὰ συλλο-

sans anticiper sur l'avenir et sans retourner vers le passé, sont les suivants :

1° L'*Induction* (ἐπαγωγή). N'en déplaise aux partisans exclusifs de Bacon et de la philosophie moderne, Aristote a certainement connu l'induction; il en a compris la nécessité et le véritable caractère, car voici à peu près en quels termes il en parle : « Il n'y a que deux moyens d'arriver
» à des connaissances certaines : le Syllogisme et
» l'Induction. On raisonne par Syllogisme quand
» il existe un terme moyen ; quand il n'y en a pas,
» on raisonne par Induction. L'Induction est en
» quelque sorte l'opposé du Syllogisme. Celui-ci
» est naturellement le premier et le plus géné-
» ralement connu ; mais celle-là est, à mon
» avis, l'argument le plus clair (ἐναργέστερος)[1]. » Un peu plus loin, il la définit : un raisonnement par

γίζεσθαι (ch. 20 et 21). — 8° Τὸ μὴ κατασυλλογίζεσθαι (ch. 22). — 9° Κατὰ τὴν ὑπόληψιν ἀπάτη (ch. 23 et 24).

[1] Ἅπαντα πιστεύομεν ἢ διὰ συλλογισμοῦ, ἢ ἐξ ἐπαγωγῆς. Ὧν μὲν ἔστι μέσον, διὰ τοῦ μέσου ὁ συλλογισμός · ὧν δὲ μὴ ἔστι δι' ἐπαγωγῆς. Καὶ τρόπον τινὰ ἀντίκειται ἡ ἐπαγωγὴ τῷ συλλογισμῷ · ὁ μὲν γὰρ διὰ τοῦ μέσου τὸ ἄκρον τῷ τρίτῳ δείκνυσιν · ἡ δὲ διὰ τοῦ τρίτου τὸ ἄκρον τῷ μέσῳ. Φύσει μὲν οὖν πρότερος καὶ γνωριμώτερος ὁ διὰ τοῦ μέσου συλλογισμός · ἡμῖν δὲ ἐναργέστερος ὁ διὰ τῆς ἐπαγωγῆς (ch. 25).

lequel on démontre le général à l'aide du particulier [1]. L'exemple qu'il choisit pour nous faire comprendre la nature de ce genre de démonstration, nous montre que lui-même l'a parfaitement comprise, et qu'on l'a faussement accusé d'avoir confondu l'induction avec l'exemple *à pari*, dont nous parlerons tout-à-l'heure. Si quelqu'un, dit-il, voulait prouver que tous les animaux sans bile vivent long-temps, il ferait observer ce fait dans l'homme, le cheval, le mulet et d'autres animaux qui n'ont pas une grande abondance de bile, et l'on serait obligé de lui accorder la conclusion générale que nous venons d'énoncer. Il faut remarquer que tout en distinguant l'induction du syllogisme, en énonçant explicitement qu'il reconnaît deux espèces de raisonnement, l'un qu'il appelle Syllogisme, et l'autre qu'il nomme Induction (ἀντίκειται ἡ ἐπαγωγὴ τῷ συλλογισμῷ, οι (τῶν λόγων) διὰ συλλογισμῶν καὶ οἱ δι' ἐπαγωγῆς), il cherche pourtant à plier celle-ci à la forme syllogistique, comme il le dit non moins explicite-

---

[1] Δείκνυντες τὸ καθόλου διὰ τοῦ δῆλον εἶναι τὸ καθ' ἕκαστον (Analyt. post. liv. 1, ch. 1 (voyez ib., ch. 18).

ment[1], et comme le prouve cette expression très-fréquemment employée : ὁ διὰ τῆς (ou ἐξ) ἐπαγωγῆς συλλογισμός.

2° *L'Exemple* (παράδειγμα). C'est un argument par lequel une chose est affirmée d'une autre, parce qu'elles ressemblent toutes deux à une troisième. Ainsi, pour démontrer qu'on est malheureux, lorsqu'on prend les armes contre ses voisins, on citera la guerre des Thébains contre les Phocéens, qui était à la fois une guerre malheureuse et une guerre entre peuples voisins. L'exemple diffère du syllogisme, parce que le rapport sur lequel il est fondé n'est pas celui du tout à sa partie (ὡς ὅλον πρὸς μέρος), mais un simple rapport de similitude ou d'égalité (ὡς μέρος πρὸς μέρος). Il diffère de l'induction, parce qu'il ne repose que sur la connaissance d'un seul fait, au lieu de s'appuyer sur l'observation de tous les faits semblables ; c'est, en un mot, l'induction oratoire (ἐπαγωγὴ ῥητορική), comme il

---

[1] Ὁυ μόνον οἱ διαλεκτικοὶ καὶ ἀποδεικτικοὶ συλλογισμοὶ διὰ τῶν προειρημένων γίνονται σχημάτων, ἀλλὰ καὶ οἱ ῥητορικοί, καὶ ἁπλῶς ἡτισοῦν πίστις καὶ ἡ καθ᾽ ὁποίαν οὖν μέθοδον (ch. 25).

le définit très-bien dans le deuxième chapitre de sa Rhétorique [1].

3° La *Conjecture*. Telle est du moins la seule signification raisonnable qu'on puisse attacher au terme ἀπαγωγή que les commentateurs latins ont traduit par *abductio*. On la définit : une opération par laquelle on réunit deux termes dont le moyen ou le rapport n'est pas assez clairement déterminé. Elle n'est pas encore la science, mais elle en approche beaucoup (πάντως ἐγγύτερον εἶναι συμβαίνει τῆς ἐπιστήμης.) [2].

4° L'*Objection* (ἔνστασις , *instantia* en latin). C'est le nom qu'on donne à l'argument par lequel on cherche à démontrer une proposition contraire à l'une des prémisses de notre adversaire. Elle peut être générale ou particulière, c'est-à-dire qu'un fait peut être combattu par un fait contraire ou simplement contradictoire. De là résulte que pour faire une objection vraiment digne de ce nom, il faut se servir de la première ou de la troisième figure, qui seules

---

[1] Ch. 26.
[2] Ch. 27.

peuvent démontrer qu'il y a contradiction ou opposition entre deux termes [1].

5° L'Enthymème (ἐνθύμημα). Dans l'opinion d'Aristote, il n'est pas seulement un syllogisme imparfait dans l'expression, mais il n'est pas moins imparfait dans la pensée, puisque les propositions ou les termes dont il est formé ne représentent que des probabilités (συλλογισμὸς ἀτελὴς ἐξ εἰκότων). Il conclut ordinairement du signe avant-coureur d'un fait à ce fait lui-même (συλλογισμὸς ἐκ σημείων). Du reste, on peut distinguer dans cette forme du raisonnement les mêmes éléments, et par conséquent les mêmes figures que dans le syllogisme. C'est un syllogisme oratoire (ῥητορικὸν συλλογισμὸν, comme il le nomme dans sa Rhétorique [2].

6° Parmi nos diverses manières de raisonner, Aristote reconnaît aussi la science de Lavater, la Physiognomonique (τὸ φυσιογνωμονεῖν), qu'il essaie de plier comme toutes les autres à la forme syllogistique. Mais il ne prononce pas d'une manière absolue sur sa réalité ; il ne l'admet que

[1] Ch. 28.
[2] Ch. 29.

d'une manière hypothétique et l'étend beaucoup plus loin qu'on ne l'a fait dans ces derniers temps. Si l'on nous accorde, dit-il, que les passions que nous tenons de la nature, telles que la colère, le désir, agissent en même temps et sur l'âme et sur le corps, on sera aussi obligé de convenir que chacune de ces passions a son expression particulière, et la physiognomonique sera possible (δυνησόμεθα φυσιογνωμονεῖν). On pourra donc, d'après leur seule conformation extérieure, déterminer le caractère des espèces et des individus. Ainsi, admettons que le courage soit le caractère particulier du lion, il faudra qu'il existe dans son organisation physique un signe particulier qui corresponde à cette qualité, et toutes les fois qu'on trouvera le même signe, ou, comme nous dirions aujourd'hui, le même trait physionomique, dans une autre espèce, soit dans l'espèce entière ou seulement dans un individu, quand ce serait même dans un homme, on pourra lui supposer du courage [1]. L'Écossais Th. Reid a été bien plus loin ;

---

[1] Ch. 50. — Τὸ δὲ φυσιογνωμονεῖν δυνατόν ἐστιν ἐκ τις εἴδωσιν ἅμα μεταβάλλειν τὸ σῶμα καὶ τὴν ψυχὴν ὅσα ἐστὶ φύσικα παθήματα, etc.

il a compté le principe de cette science ou de cette manière de raisonner parmi les vérités premières qui nous sont connues sans le secours de l'observation et de l'expérience. « Les pensées
» et les passions de l'âme ne sont pas plus visi-
» bles que l'âme elle-même, et, par conséquent,
» leur connexion avec les signes sensibles ne peut
» pas être révélée par l'expérience ; cette décou-
» verte dérive nécessairement d'une source plus
» élevée. Elle est due à une faculté particulière,
» à une sorte de sens que la nature semble nous
» avoir donné à cet effet, et l'opération de ce
» sens est tout-à-fait analogue à celle des sens
» externes [1]. »

Seconde Partie. — DEUXIÈMES ANALYTIQUES,
ou de la
Démonstration proprement dite.

Ce n'est pas assez de connaitre les éléments, les règles et toutes les modifications possibles du

---

[1] Œuvres de Th. Reid, trad. de M. Jouffroy, 2ᵉ volume, des premiers principes.

syllogisme, il faut savoir encore à quel usage il est destiné, quel résultat il doit produire pour l'intelligence et pour la science, et jusqu'à quel point ce résultat est légitime. En un mot, après avoir exposé toutes les formes et les moyens extérieurs de la démonstration, il est temps d'en faire connaitre le but et les conditions premières : tel est l'objet de cette partie, qu'on a partagée, comme la précédente, en deux livres.

La démonstration et la science ne pouvant pas nous donner des connaissances nouvelles, elles ne font que développer et féconder des connaissances préalables ; car il faut savoir au moins ce qu'on veut démontrer et quel est l'objet de la science qu'on veut étudier. En un mot, et pour parler un langage plus moderne, elles reposent nécessairement sur des données. Ces données sont de deux espèces : les définitions qui expriment la valeur des mots (τί τὸ λεγομένον ἐστί) et les principes ou les données de l'expérience qui renferment la connaissance des choses (ὅτι ἐστί) ; non pas une connaissance claire et développée, mais une notion obscure et incomplète. Cette règle s'applique, sans aucune exception à toutes les sciences et à tous les genres de démonstration [1].

Il y a donc deux manières de connaître ou de savoir : l'une immédiate (ἀμέσως) et sans démonstration ; l'autre médiate et par voie de déduction ou de syllogisme (διὰ τοῦ μέσου). Mais, en général, qu'est-ce qu'on appelle savoir ? Qu'est-ce qui distingue l'homme savant de l'ignorant ? On sait véritablement quand on connaît le pourquoi des choses (τὸ διότι) ; quand on les a saisies dans leurs causes, dans leurs principes ; quand on est convaincu qu'elles ne peuvent pas être autrement. Par conséquent, ces données primitives, ces connaissances préalables, sur lesquelles doit reposer toute démonstration et toute science, sont en même temps nécessaires et universelles. Elles sont exprimées par des propositions immédiates, évidentes par elles-mêmes, qu'on appelle du nom de principes (ἀρχαί). De là, cependant, il ne faudrait pas conclure que telles sont réel-

---

[1] Πᾶσα διδασκαλία καὶ πᾶσα μάθησις διανοητικὴ ἐκ προϋπαρχούσης γίνεται γνώσεως.... διχῶς δ᾽ ἀναγκαῖον προγινώσκειν : τὰ μὲν γὰρ ὅτι ἔστι προϋπολαμβάνειν ἀναγκαῖον, τὰ δὲ τί τὸ λεγόμενον ἔστι ξυνιέναι δεῖ (ch. 1).

lément les premières de nos connaissances, c'està-dire que les principes les plus absolus précèdent dans la conscience humaine tous les autres faits intellectuels. Il faut distinguer deux espèces de priorité : l'une absolue, qui existe réellement dans la nature (πρότερον τῇ φύσει, ἁπλῶς πρότερον); l'autre relative, qu'il ne faut pas chercher ailleurs que dans notre conscience et la succession de nos idées (πρότερον πρὸς ἡμᾶς). Dans le langage de la Philosophie moderne, la première serait appelée *ontologique* et la seconde *psychologique*[1]. Il est certain que la cause doit exister avant les effets, et, par conséquent, le général avant le particulier ; car plusieurs effets émanent d'une seule cause : voilà la priorité absolue. Mais, dans la conscience humaine, dans l'ordre selon lequel se développe notre intelligence, les choses ne se passent pas ainsi. Nous commençons au contraire par la connaissance des faits sensibles et particuliers, et c'est à mesure que nous nous en éloignons que nous finissons par arriver à ces croyances universelles

---

[1] Πρότερα δ᾽ ἐστὶ καὶ γνωριμώτερα διχῶς : οὐ γὰρ ταὐτὸν πρότερόν τῇ φύσει καὶ πρὸς ἡμᾶς πρότερον (ch. 2).

et nécessaires auxquelles on donne le nom de principes. Cette doctrine, qu'on retrouve à chaque page de la Métaphysique, et qui sera développée plus explicitement encore à la fin de ce traité, confirme ce que nous avons dit à propos des Catégories, qu'Aristote n'a pas connu la distinction de l'*à priori* et de l'*à posteriori*, dans le sens qu'y ont attaché les modernes, et surtout l'école de Kant. Mais en prenant son point de départ dans la sensation et dans l'expérience, il croyait arriver jusqu'à des principes et des idées absolues, par une suite d'observations et de comparaisons comme celles qui nous conduisent à des généralités purement contingentes (ἀδύνατον τὸ καθόλου θεωρῆσαι εἰ μὴ δι' ἐπαγωγῆς[1]. En un mot, l'*abstrait* et l'*absolu* sont entièrement confondus dans son opinion. Il est vrai que tout principe absolu est nécessairement un principe abstrait; mais tout abstrait, n'importe à quel degré, n'est pas l'absolu [2].

[1] Ch. 18.
[2] Λέγω δὲ πρὸς ἡμᾶς μὲν πρότερα καὶ γνωριμώτερα τὸ ἐγγύτερον τῆς αἰσθήσεως ; ἁπλῶς δὲ πρότερα καὶ γνωριμώτερα τὰ πορρώτερον ; ἔστι δὲ πορρώτατα μὲν τὰ καθόλου μάλιστα ; ἐγγύτατω δὲ τὰ καθ' ἕκαστα (ch. 3. Voir ib., deuxièmes Analyt., liv. 1, ch. 22, liv. 2, ch. 15).

Cette nécessité d'appuyer toute science et toute démonstration sur certains principes évidents par eux-mêmes a donné naissance à deux opinions, à deux systèmes philosophiques qui semblent se combattre à leur point de départ, et qui arrivent au même résultat, la négation absolue de la démonstration et de la science. Il faut donc les faire connaître et les combattre avant d'aller plus loin. Les uns prétendent que des principes nécessaires et absolus ; par cela même qu'ils ne peuvent pas être démontrés, sont de pures hypothèses ; par conséquent, toute démonstration, s'appuyant sur eux, est nécessairement hypothétique, et la science est impossible. Les autres veulent qu'on puisse tout démontrer, et par-là ils nient l'existence des principes et sont obligés de tourner dans un cercle perpétuel. Ces deux opinions sont réellement représentées dans l'histoire de la Philosophie [1]. La première est celle des *Sceptiques* sortis de l'école sensualiste d'Ionie ; la seconde est celle des *Sophistes*. Il faut répondre

---

[1] Métaph., liv. B, ch. 4. — Ἐνίοις μὲν οὖν διὰ τὸ δεῖν τὰ πρῶτα ἐπίστασθαι οὐ δοκεῖ ἐπιστήμη εἶναι τοῖς δ' εἶναι μὲν, πάντων μέντοι ἀπόδειξις εἶναι (ch. 3).

à ceux-là que les principes n'ont pas besoin d'être démontrés pour être certains, parce que toute certitude ne vient pas de la démonstration. Il est facile de prouver à ceux-ci que le cercle dans lequel ils s'enferment volontairement n'est pas une démonstration, mais une simple assertion : en un mot, qui veut trop prouver ne prouve rien. Le troisième livre de la Métaphysique est presqu'entièrement consacré à la réfutation de ces deux singuliers systèmes.

Les premiers principes d'Aristote ne sont pas, comme on pourrait le croire, des jugements absolus représentés par des propositions de même nature, mais les éléments de ces jugements, c'est-à-dire, des notions simples et abstraites, comme les Catégories. Ce sont, en un mot, les Catégories elles-mêmes. En effet, aucun autre principe n'est mentionné dans ses œuvres, si ce n'est celui de la contradiction qui n'est pas un véritable principe ou l'une de ces données primitives de la raison, une de ces vérités fondamentales, à l'aide desquelles nous sommes mis en relation avec quelqu'autre chose que nous-mêmes et le monde extérieur ; il n'est qu'un *criterium* ou un signe de la vérité qui, par sa nature même, ne peut avoir aucune valeur objective, aucune réalité en dehors de la conscience et de l'intelligence humaines. Quelquefois aussi, il est question des axiomes (τὰ ἀξιώματα), et notamment de celui-ci : si de deux quantités égales on retranche des parties égales, les restes sont encore égaux : ἴσα ἀπὸ ἴσων ἂν ἀφέλῃ, ἴσα τὰ λοιπά [1]. Mais les axiomes de géométrie ne sont pas autre chose que des propositions identiques, dont le sujet et l'attribut expriment la même idée sous deux formes différentes; ils doivent donc être comptés parmi les définitions auxquelles est spécialement consacré le second livre du traité que nous analysons maintenant. Mais les définitions ne sont pas des principes; elles n'ont aucun caractère de ces derniers, et, sans pouvoir être démontrées d'aucune façon, ni par le raisonnement, ni par l'expérience, elles ne sont pas non plus de pures hypothèses, mais des données de convention qui doivent être connues antérieurement à toute démonstration [2].

---

[1] Ch. 7 et ch. 10. — Τὰ ἀξιώματα ἐξ ὧν ἀπόδειξις.

[2] Οἱ μὲν οὖν ὁρισμοὶ οὐκ εἰσὶν ὑποθέσεις· οὐδὲ γὰρ εἶναι ἢ μὴ εἶναι λέγονται· τοὺς δὲ ὅρους μόνον ξυνιέσθαι δεῖ· ὅσων ὄντων τῷ ἐκεῖνα εἶναι γίνεται τὸ συμπέρασμα (ch. 10).

D'ailleurs, les premiers principes ne sont pas autre chose que des connaissances absolues et nécessaires. D'un autre côté, l'absolu et le nécessaire ne peuvent pas se distinguer par leur origine, puisque tout ce que nous savons dérive de l'expérience; ils ne sont, comme nous disions tout-à-l'heure, que les derniers termes de l'abstraction et de la généralisation. Or, il est évident que de simples notions sont des résultats plus abstraits que des jugements. Toute idée, toute connaissance vraiment digne du nom de principe se distingue par trois caractères : elle est universelle (κατὰ παντος), essentielle (καθ'αὐτό), nécessaire (καθόλου). L'universel se comprend de soi-même ; c'est ce qui est partout et toujours. L'essentiel, c'est ce qui entre nécessairement dans toute définition, et par conséquent ne peut pas lui-même être défini ; ce qui répond à la question τί ἐστι. Enfin, l'absolu, c'est la même chose que le nécessaire; c'est ce qui ne peut pas ne pas être [1].

Pour que la science soit possible, il ne suffit pas qu'il existe des principes ou des moyens de

---

[1] Ch. 5 et 6.

démonstration; il faut aussi qu'il y ait quelque chose à démontrer, ou des sujets de démonstration (γένος ὑποκειμένων). Ces derniers se divisent en un certain nombre de genres principaux, de classes fondamentales qui donnent naissance à autant de sciences particulières et parfaitement distinctes. Or, comme le procédé scientifique de la démonstration par excellence n'est pas autre chose que la réunion de deux extrêmes à l'aide d'un terme moyen; comme les extrêmes et le moyen ne peuvent jamais se trouver que dans un même genre, il n'est pas permis à une science d'empiéter sur le terrain des autres; mais il faut que chacune se renferme dans sa sphère, qu'elle ait ses principes et ses problèmes à part [1].

De là résulte qu'il y a deux espèces de principes : les uns généraux, qui conviennent également à toutes les sciences, et qui sont la base même de la vérité et de l'intelligence; les autres, particuliers, qui ne peuvent servir qu'à la solution

---

[1] Οὐκ ἔστιν ἐξ ἄλλου γένους μεταβάντα δεῖξαι, οἷον τὸ γεωμετρικὸν ἀριθμητικῇ.... Ἐκ γὰρ τοῦ αὐτοῦ γένους ἀνάγκη τὰ ἄκρα καὶ τὰ μέσα εἶναι (ch. 7).

d'un petit nombre de problèmes [1]. Or, s'il ne faut pas appliquer à une science les principes d'une autre science, il ne faut pas non plus s'adresser à des principes trop généraux et trop élevés, quand il s'agit d'un cas particulier. Il y a donc, outre les sciences particulières et indépendantes les unes des autres, une science générale, exclusivement fondée sur des principes généraux, à laquelle toutes les autres empruntent leur certitude, et qui mérite d'être appelée la science souveraine (κύρια ἐπιστήμη), ou la science par excellence (μάλιστα ἐπιστήμη). Il est de toute évidence qu'on veut parler ici de la Métaphysique, dont la composition est probablement postérieure à celle de l'*Organum*, au moins du traité dont nous sommes occupés maintenant, car elle n'est pas encore désignée ici sous son véritable nom, celui de philosophie première (φιλοσοφία πρώτη), et son existence même n'est admise que d'une manière vague et hypothétique [2].

---

[1] Ἔστι δ' οἷς χρῶνται ἐν ταῖς ἀποδεικτικαῖς ἐπιστήμαις τὰ μὲν ἴδια ἑκάστης ἐπιστήμης, τὰ δὲ κοινά (ch. 10).

[2] Ch. 9. Ἔσονται ἁπάντων ἀρχαὶ καὶ ἐπιστήμη ἡ ἐκείνων κυρία πάντων, etc.

Les principes généraux ne sont pas des êtres à part, qui existent par eux-mêmes en dehors de la nature et des choses particulières, comme les idées de Platon ou le nombre de Pythagore. Ils sont réels ; c'est-à-dire qu'il y a véritablement dans la nature des qualités fondamentales et communes à tous les êtres, ou des éléments substantiels sans lesquels rien ne saurait exister ni être conçu ; mais leur existence est étroitement liée à celle des qualités contingentes et individuelles. En un mot, ils nous représentent l'unité dans la pluralité (τὸ ἓν κατὰ πολλῶν), dont l'une ne peut se concevoir sans l'autre. Voilà encore une doctrine qui occupe une grande place dans la Métaphysique, où l'on démontre que l'unité sans la pluralité, que la raison sans l'expérience conduit nécessairement au panthéisme abstrait de l'école Éléatique, et que la pluralité sans l'unité, ou l'expérience sans la raison, a pour résultat inévitable le phénoménalisme absurde des derniers représentants de l'école Ionienne [1].

Les principes particuliers ne sont pas autre chose que les principes généraux présentés sous

---

[1] Ch. 10 et 11. Analyt., liv. 1. — Métaph., liv. B et passim.

une forme moins abstraite et renfermés dans une sphère déterminée. Ils ne sont donc ni moins certains, ni moins nécessaires que les premiers. Toutes les questions qu'ils peuvent servir à résoudre se divisent en deux grandes classes : les questions de fait (τὸ ὅτι), et, s'il est permis à la logique d'emprunter cette expression à la jurisprudence et à la morale, les questions de droit (τὸ διότι), qui ont leur source dans le désir d'expliquer par la raison les faits qui nous sont livrés par l'expérience. Or, la raison est pour ainsi dire le code de la nature. Ces deux sortes de questions sont étroitement liées entre elles, car il n'y a point de fait qui n'émane d'une cause ou d'une loi, et de leur côté les lois et les causes ne sont connues que par les faits. Cependant, elles se partagent entre des sciences bien différentes : les premières appartiennent exclusivement aux sciences naturelles ou physiques, qu'on appelle ici les sciences *Esthétiques* (τὸ μὲν ὅτι τῶν αἰσθητικῶν εἰδέναι), sans doute parce qu'elles reposent sur le témoignage et les impressions des sens (αἴσθησις), comme Kant a appelé *Esthétique Transcendentale* sa théorie des lois de la sensibilité : les autres sont particulièrement du domaine des sciences *mathématiques* (τὸ δὲ διότι τῶν μαθηματικῶν), qui ne reposent que sur des abstractions de la raison, ou sur des idées générales que l'observation des sens ne peut pas fournir[1]. De là résulte que les physiciens, ou les naturalistes, toujours occupés de faits minutieux, s'élèvent rarement à des idées larges et à des principes d'une certaine hauteur, tandis que les mathématiciens et tous ceux qui demeurent dans les généralités sont ordinairement privés du talent de l'observation (οἱ τὰ καθόλου θεωροῦντες πολλάκις ἔνια τῶν καθ' ἕκαστον οὐκ ἴσασι, δι' ἀνεπισκεψίαν). Ces belles paroles n'ont pas encore cessé d'être vraies et le seront dans tous les temps, jusqu'à ce que l'on ait réuni les sciences de l'observation aux sciences du raisonnement, et que les unes aient obtenu la même considération que les autres. Si, à ces deux sciences, c'est-à-dire, à la physique et aux mathématiques, l'on ajoute la philosophie première, dont il a été question un peu plus haut, on aura la division générale des sciences spécu-

---

[1] Τὸ διότι διαφέρει καὶ τὸ διότι ἐπίστασθαι.... τὸ μὲν ὅτι τῶν αἰσθητικῶν ἐιδέναι : τὸ δὲ διότι τῶν μαθηματικῶν ὅτι γὰρ ἔχουσι τῶν αἰτίων τὰς ἀποδείξεις, καὶ πολλάκις οὐκ ἴσασι τὸ ὅτι, etc. (Ch. 13.)

latives, telle qu'on la trouve fréquemment dans la Métaphysique [1].

Les sciences naturelles sont plus faciles et doivent être nécessairement les premières dans le temps ou le développement de l'intelligence humaine, parce que c'est à l'induction à nous fournir les généralités qui font la base du raisonnement. En revanche, les sciences mathématiques sont plus dignes du nom de sciences; elles sont plus certaines et plus rigoureuses dans leurs résultats, parce qu'elles n'ont qu'à déduire les conséquences de certains principes évidents par eux-mêmes. Voilà pourquoi la première figure du syllogisme, c'est-à-dire, le syllogisme dans toute sa régularité et sa perfection, est la seule forme qui leur convienne [2]. Les mathématiques ont d'ailleurs un autre avantage, c'est celui de parler aux sens par le moyen des figures, sans avoir le même inconvénient que les sciences

---

[1] Ἡ μὲν φυσικὴ περὶ ἀχώριστα μὲν ἀλλ᾽ οὐκ ἀκίνητα, τῆς δὲ μαθηματικῆς ἔνια περὶ ἀκίνητα μὲν οὐ χωριστὰ δ᾽ ἴσως, ἡ δὲ πρώτη καὶ περὶ χωριστὰ καὶ ἀκίνητα: ὥστε τρεῖς ἂν εἶεν φιλοσοφίαι θεωρητικαὶ μαθηματική, φυσική, θεολογική (Métaph., liv. E, ch. 1).

[2] Τῶν δὲ σχημάτων ἐπιστημονικὸν μάλιστα τὸ πρῶτόν ἐστιν. Εἴτε

naturelles, c'est-à-dire, sans cesser pour cela d'être des sciences démonstratives et de raisonnement. Les vérités qu'elles enseignent, on les voit, mais c'est avec la pensée (ταῦτα δ'ἐστὶν οἷον ὁρᾶν τῇ νοήσει).

De même qu'il y a deux espèces de sciences, les unes fondées sur l'observation et les autres sur le raisonnement, il y a aussi deux espèces d'ignorance : le paralogisme, ou l'ignorance par transposition (ἄγνοια κατὰ διάθεσιν), et l'ignorance proprement dite, ou par négation (ἄγνοια κατὰ ἀπόφασιν). La première résulte d'un raisonnement vicieux, d'un syllogisme dont les termes ou les propositions n'ont pas été disposés selon les règles. La seconde vient de la privation d'un sens ou d'un défaut d'observation [1].

Puisqu'il n'y a que deux objets que l'homme ait la puissance et le désir de savoir : les faits et les causes ; puisqu'il n'existe par conséquent que deux sortes de science et d'ignorance, il ne faut pas admettre plus de deux moyens de

γὰρ μαθηματικαὶ τῶν ἐπιστημῶν διὰ τούτου φέρουσι τὰς ἀποδείξεις (ch. 14).

[1] Ch. 16.

connaître : la démonstration et l'induction, dont l'une nous conduit du particulier au général, ou des phénomènes sensibles aux principes les plus élevés de l'intelligence ; et l'autre du général au particulier, ou des principes à leurs conséquences [1]. Cependant, comme la première, c'est-à-dire, le raisonnement proprement dit, peut admettre deux formes différentes : la forme logique ou directe (λογικῶς, δεικτικὴ ἀπόδειξις) et la forme analytique, ou la réduction à l'absurde (ἀναλυτικῶς, ἀπαγωγὴ εἰς ἀδύνατον), on pourrait compter à la rigueur quatre sortes de démonstration, opposées deux à deux ; savoir : le syllogisme à l'induction, et la démonstration directe à la forme analytique [2].

Après avoir distingué ces quatre chemins qui

---

[1] Μανθάνομεν ἢ ἐπαγωγῇ, ἢ ἀποδείξει : ἔστι δ'ἡ μὲν ἀπόδειξις ἐκ τῶν καθόλου : ἡ δ'ἐπαγωγὴ ἐκ τῶν κατὰ μέρος (ch. 18).

[2] Οὔσης δ'ἀποδείξεως τῆς μὲν καθόλου : τῆς δὲ κατὰ μέρος : καὶ τῆς μὲν κατηγορικῆς τῆς δὲ στερητικῆς, ἀμφισβητεῖται ποτέρα βελτίων (ch. 24. — Les chapitres précédents, depuis le 18e, démontrent pour tous les cas possibles ce que l'on a déjà établi d'une manière générale au commencement de ce traité : savoir, que le nombre de principes et de moyens ne saurait être illimité.

se croisent et qui tous, cependant, doivent nous conduire à la vérité, la question est de savoir lequel est le meilleur, lequel est à la fois le plus sûr et le plus court; et c'est d'abord entre le syllogisme et l'induction qu'il faut choisir. Or, il semble, au premier coup-d'œil, que l'induction vaut mieux que le syllogisme, parce que nous connaissons avec plus de précision les faits que nous avons observés; nous nous faisons une idée bien plus claire des choses que nous avons éprouvées ou vues de nos propres yeux. Ensuite, l'observation des faits particuliers ne peut pas nous faire illusion comme les principes généraux sur lesquels se fonde le raisonnement, et nous porter à admettre des réalités en dehors de la nature, à prendre des abstractions pour des êtres, à l'exemple de Platon et de Pythagore. Mais, en vérité, il faut préférer la démonstration par syllogisme (ἡ καθόλου ἀπόδειξις βελτίων τῆς κατὰ μέρος): 1° parce que les choses particulières sont périssables, tandis que les généralités, comme les genres et les espèces, subsistent toujours; 2° parce que les idées générales nous représentent la cause et l'essence des choses; ce qui constitue le vrai savoir, comme nous l'avons dit un peu plus haut:

3° enfin les faits particuliers sont illimités en nombre, et par conséquent ne peuvent pas se prêter à une démonstration rigoureuse ; en d'autres termes, il est plus facile de trouver les principes du syllogisme que ceux de l'induction et de l'observation. Voilà qui prouve encore une fois, d'une manière évidente, la prédilection d'Aristote pour la forme syllogistique, dont il est l'inventeur; mais qu'on ne vienne plus nous dire qu'il ne connaissait pas l'induction dont il détermine avec tant de justesse le caractère et les fonctions, et qu'il met si bien à sa place dans les sciences naturelles, où Bacon n'a fait que la réintégrer avec une pompe et une dignité auparavant inconnues [1].

Le syllogisme étant reconnu le meilleur moyen de démonstration, il est facile de prouver que la forme directe doit être préférée à la forme indirecte, ou la réduction à l'absurde. Car, en quel cas une proposition est-elle absurde ? c'est lorsqu'elle est en contradiction avec les principes

---

[1] Ὁ καθόλου εἰδὼς μᾶλλον οἶδεν ᾗ ὑπάρχει ἢ ὁ κατὰ μέρος. — Μᾶλλον δὲ τοῦ αἰτίου καὶ τοῦ διά τι ἐστὶν ἡ καθόλου ἀπόδειξις (ch. 25, 26 et 27).

généraux de toute démonstration, c'est-à-dire, avec les prémisses du syllogisme direct : donc celui-ci est nécessairement anterieur et doit servir de base à toutes les autres formes. D'ailleurs, une démonstration est d'autant plus sévère et plus forte qu'elle a moins d'hypothèses, de postulats, et de prémisses de toute espèce, c'est-à-dire qu'elle conduit plus brièvement au résultat ; ce qui n'est pas le caractère de la réduction à l'absurde [1]. En résumé, la science la plus certaine et la plus complète est celle qui embrasse à la fois les faits et les causes. Mais lorsque cette réunion n'est pas possible, les sciences abstraites, celles qui traitent des principes et des causes, ont l'avantage sur les sciences de pure observation qui n'ont pour objet que des faits [2]. Car les faits nous sont donnés par la sensation qui varie suivant les temps, les lieux et les circonstances (αἰσθάνεσθαι ἀναγκαῖον τὸ δὲ τὶ καὶ ποῦ καὶ νῦν), tandis

---

[1] Ἡ διὰ τῶν ἐλαττόνων ἀπόδειξις βελτίων τῶν ἄλλων τῶν αὐτῶν ὑπαρχόντων (ch. 27, 28).

[2] Ch. 30 et 31. — Dans les chap. suivants, jusqu'à la fin du premier liv., on fait connaître la différence de l'opinion (δόξα), et de la science (ἐπιστήμη), dont il est traité avec bien plus de développement dans les Topiques, liv. 1, ch. 1, 2, 5.

que les principes sont universels, et par conséquent nécessaires.

———

En laissant de côté les répétitions, les détails inutiles et les preuves superflues qui ne manquent pas dans cet ouvrage, voilà, si je ne me trompe, à quoi se réduit la doctrine d'Aristote sur le but général de la démonstration et les principes proprement dits. Voilà aussi ce qui fait la matière du premier livre. Mais les principes généraux ne sont pas, comme nous le savons déjà, les seules conditions de la démonstration et de la science; il y en a d'autres dont la nécessité est tout aussi incontestable; ce sont les définitions auxquelles le second livre est exclusivement consacré. Il n'existe pas un seul texte qui puisse même nous faire soupçonner qu'Aristote ait ainsi morcelé tous ses ouvrages par chapitres et par livres, lorsqu'à chaque instant il renvoie ses lecteurs de l'un de ses ouvrages à l'autre, en les désignant par les titres qu'ils ont conservés jusqu'aujourd'hui; mais la division dont il est question maintenant n'en est pas moins fondée en raison, et la lecture la plus superficielle suffit pour la faire trouver.

La définition (ὁρισμός) est l'expression des qualités essentielles d'une chose ou de sa nature spécifique. Elle répond à la question τί ἐστι; de là cette expression τὸ τί ἐστι, par laquelle on la désigne quelquefois. Des qualités essentielles sont des qualités générales et nécessaires par lesquelles on se rend compte de tous les faits particuliers. Or, comme on l'a démontré précédemment, les idées nécessaires, les idées universelles ne sont pas les résultats, mais les moyens et les principes de la démonstration, c'est-à-dire, du syllogisme. Par conséquent, les définitions ne peuvent pas être démontrées; elles méritent d'être comptées au nombre des principes et nous sont fournies, comme tous les autres, par l'observation et l'induction, car il est impossible de remonter aux causes si l'on n'a pas d'abord étudié les faits [1].

Mais il faut distinguer deux espèces de définitions : les unes immédiates (ἀμέσα), exclusivement

---

[1] Φανερὸν ἐστιν ὅτι τὸ αὐτό ἐστι τὸ τί ἐστι καὶ διὰ τί ἐστι. — Οὐ πρότερον τὸ διότι δυνατὸν γνωρίσαι τοῦ ὅτι (ch. 1, 2, 3). — Dans les chapitres suivants, jusqu'au huitième, on essaie de démontrer que les définitions ne peuvent être prouvées d'aucune manière, ni par voie de syllogisme, ni par voie de division, ni par d'autres définitions.

composées de catégories, nous font vraiment connaître l'essence des choses et leurs causes les plus élevées. Les autres, médiates (μέσον ἔχοντα), n'expriment que des qualités et des propriétés secondaires. Les premières seules sont désignées du nom de principes et doivent être considérées comme les définitions par excellence. Les autres ont besoin de démonstration et ne diffèrent que par la place qu'elles occupent de la conclusion d'un syllogisme (τῇ θέσει διαφέρων τῆς ἀποδείξεως). Ces deux genres de définition ont été appelés par les logiciens modernes des définitions de choses. Aristote les désigne également par une expression commune (λόγος τοῦ τί ἐστι), pour les distinguer des définitions de nom (λόγος τοῦ τί σημαίνει, ou simplement λόγος ὀνοματώδης), qui font seulement connaître la signification des mots [1].

Puisque toute définition vraiment digne de ce titre nous fait connaître le principe de la chose définie et n'est que l'explication d'un fait

---

[1] Ch. 8 et 9. — Τῶν τί ἐστι τὰ μὲν ἄμεσα καὶ ἀρχαί εἰσιν. Τῶν δ'ἐχόντων μέσον καὶ ὧν ἐστί τι ἕτερον αἴτιον τῆς οὐσίας ἐστὶ δι'ἀποδείξεως (ch. 8). — Le chapitre neuvième renferme la distinction des définitions de nom et des définitions de chose.

par sa cause, il faut, avant d'aller plus loin, déterminer la signification de ces deux mots et classer avec méthode les idées qu'ils expriment. Or, toutes les causes, tous les principes que la raison peut concevoir se divisent en quatre classes : 1° la cause formelle, ou les qualités qui représentent l'essence des choses (τὸ τί ἦν εἶναι); 2° la cause logique qu'on désigne plus généralement sous le nom de principe, et dont les effets sont des conséquences (τὸ τινῶν ὄντων ἀνάγκη τοῦτ' εἶναι); 3° la cause efficiente ou le premier moteur (τί πρῶτον ἐκίνησε); 4° la cause finale ou le motif d'une action libre (τὸ τινος ἕνεκα). Toutes peuvent être démontrées jusqu'à ce que l'on arrive aux causes premières qui sont précisément les moyens de toute démonstration et qui font l'objet de la Métaphysique, où elles sont effectivement reconnues toutes quatre et désignées sous les mêmes titres, à l'exception de la seconde qui est remplacée par la cause matérielle (ἡ ὕλη καὶ ὑποκείμενον)[1].

Ce n'est pas assez de connaître le but et le

---

[1] Ch. 10 et 11. Compar. ces chap. avec le troisième du liv. 1, et le premier du quatrième liv. de la Métaph.

caractère général de la définition, il faut encore savoir comment elle doit être composée et quels sont les termes qui ont le droit d'y entrer. Or, si toute définition est l'expression de l'essence des choses, et si d'un autre côté toute qualité vraiment essentielle est une qualité générale et absolue, il est évident qu'elle ne peut admettre que des termes de même nature. Mais il faut que dans leur réunion ils n'expriment que l'essence ou la nature d'une seule chose. En un mot, si l'unité est la qualité fondamentale de toute proposition, elle est surtout celle de la définition [1].

Pour trouver ces termes et les fondre ensuite dans un tout aussi homogène et aussi parfait, il faut avoir recours à deux procédés, l'observation et la classification, dont Aristote a parfaitement compris la nécessité, mais pour lesquelles il n'a pas laissé de règles assez précises. C'est de la dernière qu'il est question d'abord : elle consiste à diviser un genre dans ses espèces, un tout dans ses parties, ou une idée concrète

---

[1] Τοιαῦτα ληπτέον ὧν ἕκαστον μὲν ἐπὶ πλέον ὑπάρξαι, ἅπαντα δὲ μὴ ἐπὶ πλέον : ταύτην γὰρ ἀνάγκη οὐσίαν εἶναι τοῦ πράγματος (ch. 12).

dans ses éléments abstraits ; à disposer ces éléments dans un ordre continu, d'après leur généralité et leur importance, et à choisir parmi eux les termes les plus propres de la définition, eux qui conviennent à tout le défini et au seul défini (ὄυτε πλεῖον πρόσκειται, ὄυτε ἀπολείπει οὐδέν), en un mot, ce que les logiciens modernes ont appelé le genre prochain et la différence prochaine. L'observation consiste à étudier séparément les individus et les faits particuliers, à saisir leurs ressemblances et leurs différences, afin d'arriver à une classification exacte et à une définition claire : car la perfection d'une définition est dans sa clarté, comme celle d'une démonstration consiste dans sa rigueur. Par exemple, si je voulais définir la fierté, j'observerais séparément tous ceux qui ont été doués de cette qualité : Achille, Ajax, Alcibiade, pour savoir ce qu'il y a de commun entre eux, et j'arriverais à cette conclusion, qu'elle consiste à ne pas tolérer une injure. Puis j'observerais d'autres hommes, comme Socrate et Lysandre, qui ont également fait preuve d'une âme noble et fière, et je reconnaîtrais qu'il existe encore un autre germe de fierté qui nous rend indifférents à la bonne comme à la mauvaise fortune. S'il y a de la ressemblance entre ces deux qualités, je les réunis en une seule qui les embrasse l'une et l'autre ; s'il n'y en a pas, je les laisse séparées. Par conséquent, l'observation doit nécessairement précéder la classification[1]. Cette méthode n'est pas seulement propre à la définition, elle est aussi la seule qui puisse nous conduire à la solution d'un problème ; et, en général, tous les faits particuliers doivent être expliqués par les faits généraux auxquels ils sont immédiatement subordonnés, et ceux-ci ne peuvent être connus que par l'observation et la comparaison des premiers.

Avant de terminer son traité de la démonstration, il semble qu'Aristote éprouve le besoin de

---

[1] Ch. 12 et 13. — Ἐν δὲ τῷ κατασκευάζειν ὅρον διὰ τοῦ διαιρέσεων, τριῶν δεῖ στοχάζεσθαι, etc. — Ζήτει δεῖ ἐπιβλέποντα ἐπὶ τὰ ὅμοια καὶ ἀδιάφορα πρῶτον τί ἅπαντα ταυτὸν ἔχουσι.... οἷον δὲ τί ἐστι μεγαλοψυχία, etc.

Le chapitre quatorzième n'est guère que la répétition des deux précédents. Il traite de la relation de cause à effet ; il prouve que chaque chose doit être expliquée par la cause la plus prochaine. D'où résulte que toute science doit s'appuyer sur des définitions (πᾶσα δὲ ἐπιστήμη δι' ὁρισμοῦ γίνεται). On veut sans doute parler des sciences de raisonnement.

soulager sa conscience d'un poids importun.
Ayant établi qu'il est impossible de rien démontrer, si l'on ne part de certains principes universels et évidents par eux-mêmes (ὅτι μὲν οὐκ ἐνδέχεται ἐπίστασθαι δι' ἀποδείξεως μὴ γινώσκοντι τὰς πρώτας ἀρχὰς τὰς ἀμέσους), on dirait qu'il craint que cela ne ressemble un peu au système des idées innées, contre lequel il nous a déjà prévenus plus d'une fois dans le cours de cet ouvrage. Il essaie donc de se mettre à l'abri d'un tel soupçon. Les principes, dit-il, ne sont pas des connaissances toutes faites dans notre esprit, qui surpassent toutes les autres en vérité et en clarté ; mais nous les faisons nous-mêmes, et voici comment : nous commençons par saisir les choses individuelles et les faits particuliers, au moyen de la sensation. Ces premières données demeurent dans notre esprit, et la sensation devient ainsi la condition du souvenir. Puis les mêmes souvenirs fréquemment reproduits donnent naissance à l'expérience. Enfin, en recueillant ce qu'il y a de commun entre tous les objets de l'expérience, en nous élevant successivement d'une généralité à une généralité supérieure,

nous obtenons tous les principes de la science et de l'art : ceux de l'art, quand nous cherchons à produire, quand nous entrons dans le champ de l'action ; et ceux de la science, quand nous restons dans les limites de la spéculation. Il est donc évident que toutes nos connaissances nous viennent de la sensation ; mais nous avons en nous la faculté de les généraliser et de les élever au rang des principes par le moyen de l'induction. Cette faculté inductive et abstractive, s'il m'est permis de l'appeler ainsi, c'est l'intelligence (νοῦς), que l'on considère dans le traité de l'âme comme une force immatérielle et immortelle. Il est à remarquer qu'elle joue absolument le même rôle, qu'elle porte le même titre, dans le système d'Aristote, que la raison dans celui de Kant : elle est la *faculté des principes* (*das Vermœgen der Principien*). Cette théorie, que l'on retrouve tout entière dans les premières lignes de la *Métaphysique*, est donc très-bien formulée par le fameux adage de l'École : *Nihil est in intellectu quod non priùs fuerit in sensu*. Et même, on ne blessera pas plus la vérité historique que la vérité philosophique, en y ajoutant cette sage restriction de Leibnitz : *Nisi ipse intellectus* [1].

Et nous, avant de quitter cet ouvrage si compliqué par ses innombrables détails, mais qui renferme ce qu'il y a d'essentiel et de vraiment original dans la Logique d'Aristote, nous croyons qu'il est nécessaire d'en retracer en quelques mots le dessin général.

Le traité des Analytiques doit renfermer toute la science de la démonstration, et tel est le titre sous lequel il est expressément désigné.

Cette science est divisée en deux parties si bien

---

[1] Mon but n'était pas seulement d'analyser; j'ai voulu expliquer le chapitre qui renferme cette théorie. C'est le dernier et sans contredit le plus important de l'ouvrage. On pourra du reste juger de ma fidélité par les textes suivants, qui en représentent la substance : Ἐκ μὲν οὖν αἰσθήσεως γίνεται μνήμη, ὥσπερ λέγομεν· ἐκ δὲ μνήμης πολλάκις τοῦ αὐτοῦ γινομένης ἐμπειρία· αἱ γὰρ πολλαὶ μνῆμαι τῷ ἀριθμῷ ἐμπειρία μία ἐστίν· ἐκ δὲ ἐμπειρίας ἢ ἐκ παντὸς ἠρεμήσαντος τοῦ καθόλου ἐν τῇ ψυχῇ τοῦ ἑνὸς παρὰ τὰ πολλά, ὃ ἂν ἐν ἅπασιν ἓν ἐνῇ ἐκείνοις τὸ αὐτό, τέχνης ἀρχὴ καὶ ἐπιστήμης..... δῆλον δὴ ὅτι ἡμῖν τὰ πρῶτα ἐπαγωγῇ γνωρίζειν ἀναγκαῖον· καὶ γὰρ ἡ αἴσθησις οὕτω τὸ καθόλου ἐμποιεῖ.... ἐπεὶ δ' οὐδὲν ἀληθέστερον ἐνδέχεται εἶναι ἐπιστήμης ἢ νοῦν, νοῦς ἂν εἴη τῶν ἀρχῶν.... νοῦς ἐπιστήμης ἀρχὴ (ch. 15, liv. 2, deuxièmes Analytiques).

distinctes qu'on pourrait à la rigueur les considérer comme deux traités à part. Dans le premier il n'est question que de la forme de toute démonstration, ou du syllogisme ; dans l'autre on s'occupe de la démonstration elle-même, c'est-à-dire, de ce qui en fait le fond et la base.

Dans le traité du syllogisme, vulgairement appelé les premières Analytiques, on considère trois choses : c'est d'abord l'ensemble de sa construction, puis les matériaux qui doivent y entrer, et enfin le moyen de les dégager de tout ce qui leur est étranger ou de les ramener à leur forme scientifique, quand ils ne sont pas clairement et explicitement désignés.

Le traité de la démonstration proprement dite, vulgairement appelé les secondes Analytiques, se divise en deux parties, dont on a fait deux livres : le premier s'occupe des principes et le second des définitions. Or, les définitions et les principes sont, dans le système d'Aristote, la base et le fond de toute démonstration.

DES TOPIQUES,

ou

De la Discussion.

Première Partie.

Sous ce titre, nous comprenons les *Topiques* (τὰ τοπικά) et les *Arguments Sophistiques* (οἱ σοφιστικοὶ ἔλεγχοι), qui forment incontestablement deux traités à part dans la pensée de l'auteur, ainsi que nous le démontrerons ailleurs, contrairement à l'opinion de quelques critiques; mais qui dans la réalité se confondent en un seul et même ouvrage. Nous parlerons d'abord des Topiques.

Leur authenticité a été mise en doute par les raisons suivantes : 1° parce que Diogène de Laërte ne les compte pas au nombre des ouvrages d'Aristote ; 2° parce qu'ils ne ressemblent nullement aux Topiques de Cicéron qui, cependant ne voulait être, comme il l'écrit à son ami Trébatius, que l'interprète et l'abréviateur du philosophe grec. La première de ces raisons est fausse, car l'ouvrage dont il est question maintenant est expressément mentionné, comme nous en avons déjà fait la remarque, non pas dans la liste, mais dans le texte de Diogène : πρὸς τὴν εὕρεσιν τὰ τοπικὰ καὶ μεθόδικα προέδωκε. Nous répondrons à la seconde que Cicéron n'a jamais eu la prétention de donner un résumé fidèle de l'ouvrage d'Aristote, puisqu'il avoue lui-même n'avoir écrit le sien que sur de vagues souvenirs et pendant son voyage sur mer pour aller en Grèce. D'ailleurs, il est impossible de récuser le propre témoignage de l'auteur qui ne nomme aucun des ouvrages qui occupent dans la liste de Diogène la place des Topiques, tandis que ce dernier nom est cité et dans la *Rhétorique*, à propos de la distinction de l'exemple et de l'enthymème [1], et dans le traité de l'Interprétation [2], à propos de la demande et de la réponse dialectiques, et dans les Analytiques où il est question du même sujet [3], et dans une foule d'autres passages qu'il serait trop long de rapporter.

Quant à la signification du titre, il serait assez difficile de s'en rendre compte, si l'auteur lui-même n'avait eu soin de la déterminer. Il résulte de son explication que le traité des Topiques est ainsi appelé, parce qu'il est comme une sorte d'itinéraire mnémonique qui nous trace la route que nous avons à suivre dans la discussion et nous indique la source des différents arguments. Or, pour se rappeler plusieurs choses, il faut seulement reconnaître le lieu où elles se trouvent, (καθάπερ ἐν τῷ μνημονικῷ μόνον οἱ τόποι τεθέντες εὐθὺς

---

[1] Τίς δ'ἐστι διαφορὰ παραδείγματος καὶ ἐνθυμήματος φανερὸν ἐκ τῶν τοπικῶν (Rhét., liv. 1, ch. 2).

[2] Ἐι οὖν ἡ ἐρώτησις ἡ διαλεκτικὴ ἀποκρίσεώς ἐστιν αἴτησις, etc. — Εἴρηται ἐν τοῖς Τοπικοῖς περὶ αὐτῶν (de Interp., ch. 11, édit. Buhle; ch. 2, liv. 2, édit. ordinaires).

[3] Συλλογιζομένῳ δὲ λῆψις τοῦ φαινομένου καὶ ἐνδόξου, καθάπερ ἐν τοῖς Τοπικοῖς εἴρηται (Analyt. prior., liv. 1, ch. 1).

ποιοῦσιν αὐτὰ μνημονεύειν)¹. C'est ainsi du moins que Cicéron a interprété ce passage, assez obscur pour embarrasser même les commentateurs grecs : *Ut igitur earum rerum quæ abscondita sunt demonstrato et notato loco facilis inventio est, sic, cùm pervestigare argumentum aliquid volumus, locos nosse debemus. Sic enim appellatæ ab Aristotele sunt hæ quasi sedes è quibus argumenta promuntur* ².

Cet ouvrage qui renferme toutes les règles et une classification complète de tous les arguments de la discussion, est quelquefois désigné sous le nom de *Dialectique* (ἡ Διαλεκτική, de διαλέγεσθαι et de διάλογος), parce que toute discussion est nécessairement un dialogue. Ainsi, l'on trouve au commencement de la Rhétorique que cet art n'est qu'une partie de la Dialectique, ou du moins qu'il lui ressemble beaucoup; car ni l'un ni l'autre ne peuvent nous instruire d'une manière positive et certaine; mais ils nous donnent les moyens de parler, de ne pas rester courts sur quelque sujet que ce soit (ἔστι μόριον τῆς Δια-

---

¹ Topic., liv. 8, ch. 12.
² Cicer., Topic., § 2.

λεκτικῆς καὶ ὁμοιώμα ; περὶ οὐδενὸς γὰρ ὡρισμένου οὐ-
δέτερα αὐτῶν ἐστιν ἐπιστήμη πῶς ἔχει, ἀλλὰ δυνάμεις
τινὲς τοῦ πορίσαι λόγους)[1]. Or, c'est à peu près dans ces termes qu'on expose le sujet des Topiques. « Le but de ce traité est de chercher une méthode qui nous fournisse une solution probable pour toutes les questions qu'on peut soulever en notre présence[2]. » Ce nom est encore employé pour désigner le même ouvrage dans la Métaphysique, dans les Analytiques, dans les Arguments Sophistiques et les Topiques eux-mêmes. Enfin, aucun historien de la Philosophie, aucun commentateur ou apologiste d'Aristote n'a jamais parlé d'un ouvrage intitulé *Dialectique*, qui ne fût pas compris dans l'*Organum* et arrivé jusqu'à nous. La place des Topiques est véritablement entre les *Analytiques* et les *Arguments Sophistiques* avec lesquels ils forment un système complet, comme le prouve un passage de ce

[1] Rhét., liv. 1, ch. 5.

[2] Ἡ μὲν πρόθεσις τῆς πραγματείας, μέθοδον εὑρεῖν, ἀφ' ἧς δυνησόμεθα συλλογίζεσθαι περὶ παντὸς τοῦ προτιθέντος προβλήματος ἐξ ἐνδόξων.... (liv. 1, ch. 1).

dernier traité que nous avons déjà cité dans une autre occasion [1].

Cette partie de la Logique ou de la méthode, dont l'objet nous est à présent suffisamment connu, se recommande à l'attention du lecteur par les avantages suivants : 1° Elle peut servir comme simple exercice d'esprit (πρὸς γυμνασίαν); 2° en nous obligeant de nous familiariser avec les opinions et les théories des autres, elle nous offre le moyen de nous entendre avec eux (πρὸς τὰς ἐντεύξεις); 3° par l'habitude qu'elle nous donne d'examiner en toute chose le pour et le contre, elle sert les intérêts de la vérité et contribue aux progrès des sciences philosophiques (πρὸς τὰς κατὰ φιλοσοφίαν ἐπιστήμας) [2].

§ 1ᵉʳ. Avant d'exposer toutes les règles et tous les artifices de la Dialectique, il faut résoudre quelques questions préliminaires; il faut d'abord que nous sachions au juste quelles sont les matières de la discussion (πρὸς πόσα καὶ ποῖα

---

[1] Argum. Sophist., ch. 2.
[2] Liv. 1, ch. 2.

δι συλλογισμοί), ou bien quelles sont les idées qui entrent généralement dans nos discours (ἐκ τίνων οἱ λόγοι); car ces deux choses se confondent nécessairement [1]. Nous serons obligés de rechercher ensuite à quelles sources nous pourrons les trouver et ce qu'il faut faire pour les avoir toujours à notre disposition (πῶς τούτων εὐπορήσομεν, πῶς ληψόμεθα). Le premier livre est tout entier consacré à la solution de ces deux questions.

Or, 1° les matières de la discussion, aussi bien que du raisonnement démonstratif, du syllogisme en général, consistent dans les propositions (προτάσεις) et les problèmes (προβλήματα), qui sont au fond la même chose ; mais on les distingue par leurs formes (τῷ τρόπῳ), alors même qu'elles seraient toutes deux interrogatives. Par exemple, si l'on demande : L'homme *doit-il* être défini un animal raisonnable ? Ces termes exprimeront une proposition. Mais qu'on pose la même question de la manière suivante : L'homme *doit-il ou ne doit-il pas être* défini

---

[1] Ἔστι δὲ ἀριθμῷ ἴσα καὶ τὰ αὐτά, ἐξ ὧν τε οἱ λόγοι καὶ περὶ ὧν οἱ συλλογισμοί (liv. 1, ch. 5).

un animal raisonnable ? Elle devient alors un problème [1].

Les matières de toute proposition et de tout problème sont les quatre suivantes : la définition, le genre, le particulier et l'accidentel. On entend par définition (ὁρισμός) ce qui exprime les qualités essentielles (τὸ τί ἦν εἶναι) ou la nature spécifique d'une chose ; elle doit remplacer le nom, c'est-à-dire, elle doit servir indifféremment de sujet ou d'attribut ; cette identité en est la condition première. Le genre (τὸ γένος) embrasse plusieurs espèces dont chacune a sa définition distincte. Le particulier, ou les qualités premières (τὸ ἴδιον), peuvent être exprimées, comme la définition, par une proposition réciproque (ἀντικατηγορεῖται τοῦ πράγματος) ; mais elles ne conviennent qu'à une seule espèce, sans faire partie de son essence : c'est ainsi que la faculté de rire est particulière à l'espèce humaine. Enfin, l'accidentel (συμβεβηκός) peut être ou n'être pas, sans que rien ne soit changé dans la nature des choses ; c'est la rencontre fortuite d'une certaine

---

[1] Διαφέρει δὲ τὸ πρόβλημα καὶ ἡ πρότασις τῷ τρόπῳ (ch. 5 et seq).

qualité avec un être auquel elle n'appartient ni essentiellement ni particulièrement [1]. Voilà ce que l'auteur appelle les *quatre différences* (αἱ τέτταρες διαφοραί) et qu'on a nommées plus tard les *cinq voix de Porphyre*, en y ajoutant la *différence* (διαφορά), qui n'est point considérée ici comme une classe à part, mais comme la limite qui sépare un genre d'un autre. Les Différences sont moins générales que les Catégories; car il faut nécessairement qu'elles expriment ou une substance, ou une quantité, ou une qualité, ou tel autre de ces dix éléments de la pensée. On pourrait dire que les premières sont des Catégories *logiques* et les autres, celles qui portent plus généralement ce nom, seraient des Catégories *méthaphysiques* [2].

Pour démontrer que les idées qu'on vient de nommer embrassent réellement tous les éléments

---

[1] Ch. 4 et 5 : Περὶ τοῦ ὅρου, τοῦ γένους, τοῦ ἰδίου καὶ τοῦ συμ-βεβηκότος.

[2] Ἀεὶ γὰρ τὸ συμβεβηκὸς καὶ τὸ γένος καὶ τὸ ἴδιον καὶ ὁ ὁρισμὸς ἐν μιᾷ τούτων τῶν κατηγοριῶν ἔσται (ch. 6). Aristote a dit, en peu de mots, tout ce qu'il fallait dire de cette distinction, et l'*Introduction* de Porphyre est assez inutile ; voilà pourquoi nous n'en avons pas parlé.

du discours ou les matières de toute proposition, on peut se servir indifféremment du syllogisme ou de l'induction, qui sont les deux formes générales de l'argumentation dialectique, aussi bien que de la démonstration logique (τὰ ἴδη τῶν λόγων διαλεκτικῶν ἐστι τὸ μὲν ἐπαγωγή, τὸ δὲ συλλογισμός). On le prouvera par induction, en considérant séparément un grand nombre de propositions et de problèmes, et en s'assurant qu'ils ne sortent pas du cercle déterminé. On le prouvera par syllogisme de la manière suivante : Toute proposition est réciproque, ou ne l'est pas ; si elle est réciproque, c'est une définition ou une proposition particulière, qui toutes deux ont cette propriété, à l'exclusion de toutes les autres. Dans le cas contraire, elle ne peut être que générale ou contingente ; elle aura pour sujet un genre ou un accident [1].

Mais il ne suffit pas d'avoir déterminé la nature et les éléments de la proposition en général ; il faut que nous sachions surtout quelles sont les propositions et les problèmes dialectiques. Or, il est certain qu'il faut exclure de la discussion ce

---

[1] Liv. 1, ch. 7.

qui est admis par tout le monde, et ce que personne ne saurait admettre (τὸ πᾶσι φανερὸν καὶ τὸ μηδενὶ δοκοῦν); en un mot, ce qui paraît évident ou absurde : le premier, parce qu'il n'a pas besoin d'être défendu ; le second, parce qu'il ne peut pas l'être. Donc, la probabilité seule est du domaine de la discussion, et toute proposition dialectique doit être l'expression d'une idée probable (ἔνδοξον)[1]. Les problèmes dialectiques, en vertu de cette condition et de la définition générale qu'on en a donnée plus haut, sont ceux qui peuvent recevoir deux solutions contraires, également fondées en raison, également appuyées sur quelqu'autorité recommandable ; ou bien ceux qui dépassent les limites de la raison humaine et dont la solution est vraiment impossible. C'est dans ce dernier sens que Kant a pris plus tard le mot dialectique[2]. Outre les propositions et les problèmes, il y a des *thèses* qui peuvent également servir de matière de discussion : ce sont des pro-

---

[1] Ἔστι δὲ πρότασις μὲν διαλεκτικὴ ἐρώτησις ἔνδοξος, etc. (liv. 1, ch. 8).

[2] Ἔστι δὲ προβλήματα καὶ ὧν ἐναντίοι εἰσὶν οἱ συλλογισμοί, καὶ περὶ ὧν λόγον μὴ ἔχομεν ὄντων μεγάλων (ch. 9, ib).

positions paradoxales, comme celles qui font la base de plusieurs systèmes de l'antiquité : par exemple, le principe de l'école Éléatique que le mouvement n'existe pas, et celui de l'école Ionienne que tout est mouvement [1].

2° Pour trouver tous les matériaux de l'argumentation dialectique, il faut mettre en œuvre les moyens suivants, au nombre de quatre. D'abord on sera obligé de les chercher, ou dans les convictions du genre humain, ou dans les opinions de la multitude, ou dans les œuvres des savants : toujours le principe que nous voulons défendre par des raisons qui ne sont pas plausibles doit s'appuyer sur quelqu'autorité. Après avoir choisi son sujet, il faut le considérer sous tous les aspects, ou dans toutes les significations du terme qui l'exprime ; en un mot, il faut le diviser. Ensuite on fera ressortir les différences qui existent entre les éléments fournis par l'opération précédente. Enfin on essaiera d'en saisir les ressemblances [2]. Voici maintenant quelques observations

---

[1] Θέσις δέ ἐστιν ὑπόληψις παράδοξος τῶν γνωρίμων τινὸς κατὰ φιλοσοφίαν, οἷον ὅτι οὐκ ἔστιν ἀντιλέγειν (κ. τ. λ., ib).

[2] Τὰ δὲ ὄργανα δι' ὧν εὐπορήσομεν τῶν συλλογισμῶν, ἐστὶ τέτταρα ἓν μὲν (κ. τ. λ. ch. 2, et seq., liv. 1).

particulières sur chacun de ces divers procédés, dont l'ensemble peut être nommé la Méthode Dialectique.

Le premier se conçoit de lui-même : toute discussion est impossible si elle ne repose pas, comme on l'a dit plus haut, sur une idée ou une proposition probable. Mais qu'est-ce qu'une proposition probable ? C'est celle qu'une autorité quelconque recommande à notre confiance, celle qui a pour appui ou le sens commun de la multitude, ou quelque nom illustre dans la science. Cependant, en prenant pour modèles et pour principes toutes les opinions qu'on peut puiser à ces deux sources, il sera permis d'en créer de soi-même et d'enrichir ainsi le domaine de la discussion. Le cercle de la Dialectique s'étend aussi loin que celui de la Philosophie; les problèmes et les solutions sont les mêmes; il n'y a que les méthodes qui soient différentes [1].

Le second et le troisième procédé de la Méthode Dialectique sont indispensables à la clarté (πρὸς τὸ σαφές); ils nous obligent à nous maintenir toujours

---

[1] Ch. 12. — Πρὸς μὲν οὖν φιλοσοφίαν κατ' ἀλήθειαν πραγματευτέον, διαλεκτικῶς δὲ πρὸς δόξαν.

sur le terrain de la question ; ils nous donnent la faculté d'embarrasser notre adversaire en tirant parti de la confusion de ses idées, et nous empêchent de nous engager dans une discussion de mots, au lieu de raisonner sur les choses [1]. Or, on parvient à démêler les diverses significations d'un mot, on saisit une idée sous tous ses points de vue par le moyen de la comparaison et de l'analyse ; en décomposant le genre dans ses espèces, et en comparant les espèces entre elles. Mais il faut surtout chercher des différences entre les idées et les expressions que l'on confond le plus souvent, en raison de l'analogie qui existe entre elles : les autres se distingueront assez d'elles-mêmes [2].

Si les deux opérations précédentes ont pour résultat la clarté, la dernière est nécessaire pour donner de l'étendue à nos idées ; car l'étendue est le résultat de l'induction, qui elle-même repose tout entière sur des rapports de similitude. Elle nous fournit en outre les matériaux du

---

[1], [2] Πρὸς τὸ γίνεσθαι κατ' αὐτὸ τὸ πρᾶγμα, καὶ μὴ πρὸς τοὔνομα. Ἐπὶ μὲν γὰρ τῶν πολὺ διεστηκότων κατάδηλοι παντελῶς αἱ διάφοραί (ch. 14).

syllogisme hypothétique, qui est une espèce d'induction, et les éléments de toute définition, c'est-à-dire, le genre prochain et la différence prochaine [1]. Mais de même qu'il faut chercher des différences entre les choses que la nature a le plus intimement liées, entre les espèces et les genres les plus rapprochés les uns des autres, c'est entre les plus éloignés qu'il faut saisir des ressemblances qui, sans cette condition, seraient absolument sans mérite et sans effet [2].

§ 2. Après ces considérations préliminaires sur l'objet et la méthode de la Dialectique considérés du point de vue le plus élevé, nous entrons dans le fond même du sujet ; nous arrivons aux *lieux communs* qui n'ont pas encore été mentionnés jusqu'à présent, quoique l'ouvrage tout entier leur ait emprunté son nom [3]. Mais ici notre tâche

---

[1. 2] Ἡ δὲ τοῦ ὁμοίου θεωρία χρήσιμος πρός τε τοὺς ἐπακτικοὺς λόγους καὶ πρὸς τοὺς ἐξ ὑποθέσεως συλλογισμοὺς καὶ πρὸς τὴν ἀπόδοσιν τῶν ὁρισμῶν.

[3] La séparation de ces deux parties est nettement marquée par ces mots, qui terminent le premier livre : Τὰ μὲν οὖν ὄργανα, δι' ὧν οἱ συλλογισμοί, ταῦτά ἐστιν · οἱ δὲ τόποι, πρὸς οὓς χρήσιμα τὰ λεχθέντα, οἱ δὲ εἰσιν (liv. 1, ch. 16).

devient réellement difficile ; en même temps elle n'a jamais été si aride. D'abord, il est impossible de suivre l'auteur dans une multitude de détails, admirables, il est vrai, par leur finesse, par une délicatesse d'observation qui nous montre la présence du génie, même dans les plus petites choses, mais qui ne doivent pas trouver place dans une analyse, si étendue qu'elle puisse être. Ensuite, nous ne trouvons pas dans cette partie des Topiques, qui en a certes bien besoin, un plan aussi nettement dessiné que dans celle qui précède et dans celle qui suit. On peut même dire qu'il y règne une très-grande confusion, au moins dans plusieurs passages dont le texte, quoique très-authentique, est évidemment transposé ou mutilé ; malheureusement ce sont ceux qui pouvaient le mieux nous éclairer sur les premiers chapitres où Aristote, selon son habitude, devait nous dire sans mystère le secret de sa marche et de sa classification. En effet, il commence avec beaucoup de méthode par diviser tous les arguments en deux grandes classes : les uns positifs, destinés à édifier (κατασκευαστικά) ; les autres négatifs, qui servent à détruire (ἀνασκευαστικά). Chacune de ces deux classes se partage en deux autres, qui sont les arguments généraux (τὰ καθόλου) et les arguments particuliers (τὰ ἐπὶ μέρους). Puis, après avoir annoncé positivement qu'il est nécessaire de commencer par les arguments généraux et négatifs (πρῶτον οὖν περὶ τῶν καθόλου ανασκευαστικῶν ῥητέον), il passe brusquement à un autre sujet ; il fait observer que l'accident n'admet pas la réciprocité, c'est-à-dire que dans la proposition il ne peut pas tenir indifféremment la place du sujet ou de l'attribut, comme le genre, les qualités particulières et la définition : ἔστι δὲ χαλεπώτατον τὸ ἀντιστρέφειν τὴν ἀπὸ τοῦ συμβεβηκότος οἰκείαν ὀνομασίαν. κ. τ. λ. Ce n'est pas tout : après s'être arrêté quelque temps sur ce point, il revient d'une manière aussi imprévue aux considérations générales par lesquelles il avait commencé ; il réduit à deux classes toutes les fautes qu'on peut commettre dans la discussion : les erreurs proprement dites et les fautes de langage : « Διορίσασθαι δὲ δεῖ καὶ τὰς ἁμαρτίας τὰς ἐν τοῖς προβλήμασιν, ὅτι εἰσὶ δίτται, ἢ τῷ ψεύδεσθαι, ἢ τῷ παραβαίνειν τὴν κειμένην λέξιν [1]. » Puis il passe de nouveau, sans aucune

[1] Liv. 2, ch. 1.

transition, aux lieux communs qui dérivent de l'accident [1]. Quant à la distinction des arguments positifs et des arguments négatifs dont on vient de parler il n'y a qu'un instant, elle ne peut pas nous servir ; elle ne donne pas naissance à deux parties séparées ; elle n'exerce aucune influence sur la distribution de l'ouvrage, et l'auteur avoue à chaque instant que le même raisonnement peut servir à la fois à édifier et à détruire, à réfuter et à prouver. On ne fait pas un pas sans rencontrer cette formule : ὁυτος δὲ ὁ τόπος ἀντιστρέφει καὶ πρὸς τὸ κατασκευάζειν καὶ ἀνασκευάζειν [2]. Nous convenons que la division ordinaire de tous les arguments dialectiques en lieux *intrinsèques* et lieux *extrinsèques* est aussi facile à saisir que fondée en raison ; mais il n'en existe aucune trace dans l'ouvrage que nous avons sous les yeux ; elle appartient à Cicéron qui n'a songé, en l'adoptant, qu'aux besoins du barreau. Il est pourtant impossible de supposer

---

[1] Liv. 2, ch. 1.

[2] Voy. ch. 2, liv. 2. — Ib. ch. 3, 4, 5, 6, et en général, à la suite de chaque argument, on est presque sûr de rencontrer les mêmes paroles.

qu'Aristote, le génie de la méthode et de la classification, ait exposé sans ordre, sans avoir un plan bien fondé; qu'il ait jeté au hasard à peu près trois cent quatre-vingt-deux arguments [1]. Voici le résultat des efforts que nous avons faits pour remédier à cette confusion apparente.

Après avoir examiné dans son ensemble cette partie de la Dialectique d'Aristote qui traite spécialement des lieux communs, c'est-à-dire, où ils sont exposés et énumérés, nous y avons reconnu deux espèces d'arguments parfaitement distinctes dans leur nature, aussi bien que par l'usage qu'on en fait. Les uns reparaissent fréquemment, en conservant toujours les mêmes titres, dans une multitude de circonstances différentes; ils servent indifféremment à toutes les matières de la discussion, à toutes les idées générales sur lesquelles, comme on l'a dit plus haut, repose nécessairement toute proposition : ce sont les arguments *généraux*, ou les lieux communs par excellence, comme l'auteur les appelle lui-même (μαλιστα ἐπίκαιροι καὶ κοινοί τῶν τόπων). Les autres ne conviennent qu'à l'une ou à l'autre de ces idées

---

[1] Voy. édit. Buhle, tome 5, liv. 2-7.

générales ; ils ont une certaine spécialité dont ils ne peuvent pas sortir, et quoiqu'il faille les compter parmi les lieux communs dont ils forment le plus grand nombre, quoiqu'ils soient toujours des arguments généraux, ce titre leur est moins dû qu'aux premiers ; nous les nommerons donc des arguments ou des lieux *particuliers*.

1° Les arguments généraux, dont on peut facilement déterminer l'usage, ne sont pas toujours en même nombre et ne se présentent pas non plus dans un ordre systématique et invariable. Les voici à peu près tous avec leurs noms authentiques, disposés dans l'ordre où nous avons pu les recueillir : la division ou la distinction (διαίρεσις, ποσαχῶς λεγομένον); la signification étymologique, que Cicéron et Ramus appellent *notatio*, et qu'Aristote désigne par cette expression assez obscure : ὡς κεῖται τοὔνομα ; les corrélatifs (ἀντικείμενα), qui comprennent, comme nous savons, quatre sortes de rapports, dont Cicéron ne reconnaît dans ses Topiques que les contraires et les contradictoires (*ex contrario et repugnantibus*); les conjugaisons et les cas (σύστοιχα καὶ πτώσεις), que les latins, sur l'exemple de Cicéron, ont traduits littéralement par *conjugata* ; les causes et les effets, ou bien encore les antécédents et les conséquents (παρεπόμενα, γενέσεις καὶ φθοραί); la comparaison, ou le plus, le moins et l'égalité (τὸ μᾶλλον, τὸ ἧττον καὶ τὸ ὁμοίως; dans le traité de Cicéron *ex comparatione majorum, aut parium, aut minorum*); l'augmentation et la diminution (πρόσθεσις καὶ ἀφαίρεσις), que le philosophe romain a traduits par *adjuncta*[1]. Nous allons essayer maintenant de donner une idée plus étendue de chacun de ces lieux.

La nature et l'utilité de la division se comprennent d'elles-mêmes. Elle est d'un usage général tant en Logique qu'en Dialectique; elle s'applique également à toutes sortes de matières, mais elle est surtout un excellent moyen de réfutation. Par exemple, si l'on avance une proposition générale, nous n'avons qu'à l'appliquer successivement à tous les genres qu'elle embrasse, puis à toutes les espèces renfermées dans chacun de

---

[1] Tous ces lieux sont expressément mentionnés dans le ch. 6 du liv. 2, comme formant une classe réellement distincte par sa généralité : Μάλιστα δ' ἐπίκαιροι καὶ κοινοὶ τῶν τόπων, οἱ τε ἐκ τῶν ἀντικειμένων, καὶ τῶν συστοίχων καὶ τῶν πτώσεων..... Καὶ ἐπὶ τῶν φθαρτῶν δὲ καὶ τῶν γενέσεων καὶ φθορῶν ὡσαύτως..... Ἔτι ἐκ τοῦ μᾶλλον καὶ ἧττον καὶ ὁμοίως... κ. τ. λ.

ces genres, enfin aux individus. Si les exceptions sont en trop grand nombre, la proposition est évidemment fausse. A défaut de division, il faut employer la distinction (τὸ ποταχῶς λεγόμενον) [1].

L'étymologie est souvent nécessaire pour faire connaître la nature d'une chose, quand le terme qui l'exprime a été détourné de sa signification primitive. Ainsi, qu'on me demande ce qu'il faut entendre par un homme heureux (εὐδαίμων), je consulterai l'étymologie de ce mot, et je dirai que c'est celui que protège un bon génie ; ou, comme dit Xénocrate, celui qui conserve une âme pure ; car elle seule est notre bon génie [2].

Au moyen de la corrélation ou du rapport constant, invariable, qui existe entre deux termes, il suffit que l'un nous soit connu, ou intégralement, ou à certains égards, pour que nous connaissions aussi l'autre exactement de la même façon. Par exemple, nous pouvons fort bien nous représenter une chose dans sa totalité, quand

[1] Liv. 1, ch. 5. — Liv. 5, ch. 6 et pass.

[2] Cette belle définition de Xénocrate mérite d'autant plus d'être conservée, qu'elle n'est pas là à sa place : Καθάπερ Ξενοκράτης φησὶν εὐδαίμονα εἶναι τὸν τὴν ψυχὴν ἔχοντα σπουδαίαν· ταύτην γὰρ ἑκάστῳ εἶναι δαίμονα (liv. 2, ch. 6).

même nous n'en aurions sous les yeux que la moitié, ou telle autre partie déterminée. Si nous avons une idée du sens de la vue, nous définirons facilement l'état de cécité. Il en est de même des autres espèces de corrélation, c'est-à-dire, des contraires et des contradictoires ; mais la dernière est exclusivement un moyen de réfutation, tandis que les trois autres peuvent servir également à réfuter et à prouver [1].

Ce qu'Aristote appelle les conjugaisons et les cas comprend généralement ce que nous entendons par dérivés. Il ne les définit pas, mais les exemples qu'il en donne sont une preuve suffisante de ce que nous avançons : ainsi, les termes suivants : vertueux, courageux, sont des conjugaisons de vertu et de courage. Les cas (qu'il faut prendre dans le sens propre du mot *casus*, qui lui-même n'est que la traduction littérale du grec πτώσις) désignent particulièrement des adverbes, et non pas ce que nous appelons du même nom. C'est du moins ce qui résulte positivement de cette phrase : Πτώσεις δὲ, οἷον τὸ δικαίως, καὶ ἀνδρείως, καὶ

---

[1] Liv. 2, ch. 8 et 9. — Liv. 5, ch. 6 : Ἔστι δὲ ὁ τόπος οὗτος χρήσιμος ἀνασκευάζοντι μόνον.

ὑγιεινῶς, καὶ εὐεκτικῶς, καὶ ὅσα τοῦτον τὸν τρόπον λέγεται¹. Par le rapport qui existe entre les termes primitifs et les termes dérivés nous pourrons découvrir un rapport semblable entre les idées ou les choses qu'ils expriment, et nous pourrons en tirer parti dans l'argumentation ².

Si nous ne savons pas apprécier une chose pour elle-même, si nous ne la connaissons pas assez dans sa propre nature pour en tirer des arguments spéciaux et solides, nous pourrons remonter aux causes qui l'ont produite (τὰ ποιητικά), ou à celles qui peuvent la détruire (τὰ φθαρτικά). On peut aussi s'en rendre compte par les effets de sa naissance (γένεσις) et de sa destruction (φθορά). Par exemple, d'un bien il ne peut jamais résulter de mal, et d'un mal dérive rarement un bien. Un objet que la moindre cause peut détruire n'est pas très-puissant de sa nature, et celui qui est long-temps à se former et à naître est destiné à vivre long-temps. Les applications de ce lieu commun sont innombrables ³.

---

¹ Liv. 2, ch. 9.
² Liv. 3, ch. 6. Liv. 4, ch. 4 et pass.
³ Ἔτι ἐπὶ τῶν γενέσεων καὶ φθορῶν, καὶ ποιητικῶν καὶ φθαρτικῶν. κ. τ. λ. (liv. 2, ch. 9. — Liv. 3, ch. 6.

Les arguments fondés sur la comparaison (τὸ μᾶλλον, τὸ ἧττον, καὶ τὸ ὁμοίως) ne sont pas autre chose que les raisonnements *à fortiori* et *à pari*, comme on les appelait autrefois dans l'école, et comme on les nomme encore aujourd'hui. L'auteur s'explique sur ce sujet avec tant de clarté qu'il est impossible d'en douter un seul instant. Si nous admettons, dit-il, que le plaisir est un bien, une chose sera d'autant meilleure, elle méritera d'autant *plus* d'être comptée parmi les biens, qu'elle sera *plus* propre à satisfaire nos passions. Voilà l'emploi de l'idée de *plus*. Si j'attribue à deux objets une même qualité, et si en même temps celui qui doit la posséder au plus haut degré en est pourtant privé, le second la possèdera encore bien *moins*. Voilà l'emploi simultané du *plus* et du *moins*. L'emploi du semblable, ou l'induction dialectique, comme on l'appelle ailleurs, se comprendra sans autre explication[1].

Enfin, il arrive souvent que l'objet de la discussion nous échappe, parce qu'il est trop grand ou trop petit; parce qu'il ne s'étend que sur un

---

[1] Liv. 2, ch. 10. — Liv. 3, ch. 6.

point imperceptible, ou qu'il dépasse les limites de notre horizon; en un mot, parce qu'il n'existe pas en proportion de nos moyens de connaître. Il faut alors l'augmenter ou le diminuer par la pensée ; il faut ajouter ou retrancher, jusqu'à ce qu'il soit au point où nous le désirons. Mais tout n'admet pas un tel changement, voilà pourquoi ce dernier moyen n'est pas d'un usage aussi fréquent et aussi étendu que les précédents : cependant, comme il n'est applicable à aucune matière déterminée, il mérite encore d'être compté parmi les arguments généraux dont la liste vient d'être épuisée[1].

2° Les arguments ou les lieux particuliers se divisent de la même manière que les matières de discussion auxquelles ils doivent servir. Ainsi, les uns seront exclusivement consacrés à l'accident, les autres au genre; il se formera une troisième classe de ceux qui ne sont applicables qu'aux qualités particulières, et une quatrième renfermera tous les moyens de construire et de renverser une définition. Nous allons parcourir

---

[1] Χρήσιμος δὲ οὐκ ἐν ἅπασι ὁ τόπος, ἀλλ' ἐν οἷς τὴν τοῦ μᾶλλον ὑπεροχὴν συμβαίνει γίνεσθαι (liv. 1, ch. 11).

rapidement, sans en faire un inventaire rigoureux, ces divers arsenaux de la Dialectique où se trouvent entassées des armes souvent bien minces et bien faibles.

D'abord, il faut savoir distinguer les accidents des autres faits qui les accompagnent ; il faut les discerner avec soin des qualités générales, essentielles ou individuelles ; et pour cela il faut considérer leur extension et les êtres dans lesquels ils se manifestent ; il faut examiner s'ils n'entrent pas dans leur nature ou s'ils ne sont pas en contradiction avec elle. C'est aussi une nécessité d'avoir égard au temps et à la durée ; car des accidents n'arrivent qu'une fois, et toujours d'une manière imprévue (ὁπότερ᾽ ἔτυχεν) : les faits qui reparaissent fréquemment et dans un ordre déterminé sont ceux qu'on appelle contingents (ὡς ἐπίπολυ) : enfin, ce qui dure éternellement, c'est le nécessaire (ἐξ ἀνάγκης). Tels sont les lieux particulièrement applicables au sujet, que nous avons pu distinguer des arguments généraux auxquels ils sont mêlés [1].

---

[1] Liv. 2, ch. 1. — Cette place ne paraîtra pas trop

Le principe général, le premier argument dont il faut faire usage pour reconnaître un genre, c'est qu'il doit être un attribut de toutes les espèces qui lui sont immédiatement subordonnées ; il faut qu'il entre comme élément essentiel dans leur définition ; mais il n'est pas nécessaire qu'il admette lui-même tous les attributs de l'espèce. C'est le principe qu'on exprimait autrefois dans l'école sous la forme suivante : *le genre a plus d'extension et l'espèce a plus de compréhension.* Le genre n'est pas compris non plus, il ne peut pas être distingué des classes inférieures, sans la différence, pas plus que la différence sans l'espèce. C'est par leurs espèces que les genres se distinguent entre eux. Ainsi, deux espèces qui n'ont absolument rien de commun appartiennent évidemment à deux genres différents ; et si, au contraire, deux espèces se rencontrent en un point, si elles se ressemblent par une de leurs qualités essentielles, on peut en

grande, si l'on songe qu'elle est occupée en grande partie par les arguments généraux qui s'y trouvent bien plus développés qu'ailleurs.

conclure qu'elles appartiennent au même genre. Dans tout genre, il y a des extrêmes et des moyens ; par conséquent, les moyens et les extrêmes ne peuvent pas être pris dans plusieurs genres différents [1].

Il y a deux sortes de qualités qu'on nomme particulières : les unes essentielles et permanentes, les autres relatives et passagères. Celles-ci ne sont au fond pas autre chose que les accidents, dont les différents caractères nous sont déjà connus. Il n'y a donc que celles-là qui méritent de faire l'objet des règles suivantes. D'abord, il est nécessaire que ces qualités soient mieux connues que le sujet auquel on les attribue ; car c'est par elles seulement que ce dernier peut être déterminé. Par conséquent, elles ne doivent pas être exprimées par des propositions ou des termes embarrassés et obscurs : une seule et même chose ne saurait avoir plus d'une qualité particulière. Il ne faut pas qu'elles soient purement sensibles, car alors elles ne seraient plus

---

[1] Liv. 4. Il commence ainsi : Μετὰ δὲ ταῦτα περὶ τῶν πρὸς τὸ γένος, et finit par ces mots : Περὶ μὲν οὖν τοῦ γένους, καθάπερ εἴρηται μεθοδευτέον.

ni essentielles ni permanentes. Elles entrent dans la définition, mais elles ne peuvent pas la constituer tout entière. Il ne faut pas les confondre avec les qualités exceptionnelles qui rentrent dans les accidents, ni avec les qualités naturelles qui toutes ne remplissent pas les deux conditions énoncées plus haut. Elles forment, en un mot, le caractère distinctif ou le trait caractéristique de chaque être [1].

Tout ce qu'on a dit jusqu'à présent peut également servir à la définition, qui est impossible quand on n'a pas appris à distinguer entre elles les qualités qu'elle admet et celles qui en sont exclues. Cependant, il reste encore beaucoup à dire sur cette matière que l'auteur est loin d'avoir épuisée dans les Analytiques, et à laquelle il donne ici la plus grande place et le rang le plus élevé. Nous ne le suivrons que dans les considérations d'une certaine importance.

Il établit d'abord une distinction entre les règles générales de toute définition et celles qui nous apprennent à bien définir. C'est par celles-ci qu'il faut commencer, parce qu'étant les plus difficiles

---

[1] Liv. 5.

à mettre en pratique, elles ouvrent un plus vaste champ à l'argumentation [1]. Or, pour bien définir, il faut remplir deux conditions : il faut être clair et il faut être précis. Tous les défauts qu'on peut reprocher à son adversaire se ramènent à la violation de ces deux règles fondamentales [2]. On pèche contre la clarté, lorsqu'on emploie des termes équivoques (εἰ ὁμώνυμόν ἐστι τὸ εἰρημένον); quand le sujet est complexe (πλεοναχῶς λεγόμενον) et qu'on ne l'a pas divisé avant de le définir; enfin, quand on se sera servi d'expressions métaphoriques, ou d'un langage à part, qui n'est pas consacré par l'usage. On manque de précision lorsqu'on emploie, ou des termes trop généraux, qui ne désignent pas exclusivement le sujet de la définition, ou des termes inutiles, qui n'en expriment pas l'essence, ou des termes limités dans leur extension, qui ne la comprennent pas tout entière; enfin, lorsqu'au lieu d'être une proposition réciproque, ce que nous donnons

---

[1] Λοιπὸν δὲ εἰ μὴ ὥρισται, ἢ εἰ μὴ καλῶς ὥρισται πῶς μετιτέον· εἰπεῖν πρῶτον μὲν οὖν ἐπισκεπτέον εἰ μὴ καλῶς ὥρισται..... ἡ ἐπιχείρησις ῥᾴων ἡ περὶ τοῦτο ἢ περὶ ἐκεῖνο γίνεται (liv. 6, ch. 1).

[2] Ἔστι δὲ τοῦ μὴ καλῶς μέρη δύο, ἓν μὲν τὸ ἀσαφεῖ τῇ ἑρμηνείᾳ κεχρῆσθαι... δεύτερον δὲ εἰ ἐπὶ πλεῖον εἴρηκε τὸν λόγον τοῦ δέοντος (ib).

pour une définition n'est qu'une tautologie stérile qui remplace un mot par plusieurs autres, sans éclaircir l'idée (εἰ ταὐτὸ πλεονάκις εἰρήκειν) [1].

La définition en général étant par sa nature l'expression des choses considérées dans leur essence (τὸ τί ἦν εἶναι), et son but étant d'expliquer ce qu'on ignore, il faut avant tout que les termes dont elle se compose expriment des idées plus connues et *plus primitives* (πρότερα καὶ γνωριμώτερα) que celle qu'on veut définir. Mais on peut donner cet avantage à une idée sur une autre, pour deux raisons diamétralement opposées : ou parce qu'elle la précède dans l'ordre absolu de la logique, comme le point précède la ligne et celle-ci la surface (γνωριμώτερον ἁπλῶς, καθ' αὑτό); ou parce qu'elle lui est antérieure dans l'ordre contingent qui préside au développement de nos facultés intellectuelles (γνωριμώτερον ἡμῖν); c'est ainsi que la notion de corps ou de solide nous est donnée par nos sens avant toutes les abstractions géométriques. Cette dernière manière de procéder manque tout-à-fait d'exac-

[1] Liv. 6, ch. 2 et 5. Le ch. 2 traite de la clarté, le ch. 5 de la précision.

titude et de précision (τυχοῦσα διανοία); la première est beaucoup plus scientifique (ἐπιστημονικώτερον) et doit seule nous servir de base dans l'art de définir [1]. Par conséquent, toute bonne définition doit reposer sur des idées générales qui représentent en même temps la nature particulière de la chose qu'on désire connaître; on veut parler en un mot du genre prochain et de la différence prochaine [2]. Malgré la prédilection que lui inspirent les définitions de cette espèce, l'auteur avoue cependant qu'elles ne sont pas toujours possibles et qu'il faut quelquefois désigner un objet ou par la cause qui lui a donné naissance, ou par l'usage auquel il est destiné, ou par tel autre moyen plus propre à le rappeler à l'esprit que l'application des règles générales que nous venons d'exposer [3].

---

[1] Liv. 6, ch. 5. — Μὴ διὰ προτέρων καὶ γνωριμωτέρων ὁριζόμενος, οὐχ ὅρισται. — Τὸ μὲν οὖν διὰ γνωριμωτέρων εἰρῆσθαι τὸν ὅρον διχῶς ἐστιν ἐκλαβεῖν. κ. τ. λ.

[2] Ch. 5 et 6, liv. 6.

[3] Viennent ensuite des détails innombrables qui ne méritent pas d'être connus, et des arguments généraux que nous connaissons déjà. Tel est le sujet des chapitres suivants, jusqu'à la fin du liv. 6 et du liv. 7 tout entier.

§ 3. La partie des Topiques que nous venons de parcourir et dont l'étendue n'est pas moindre que l'importance, a pour objet ce que les rhéteurs sont convenus d'appeler l'*invention* ; elle renferme une classification détaillée de tous les arguments possibles, comme l'indiquent positivement ces mots qui la terminent : οἱ μὲν οὖν τόποι, δι' ὧν εὐπορήσομεν πρὸς ἕκαστα τῶν προβλημάτων ἐπιχειρεῖν, σχεδὸν ἱκανῶς ἐξηρίθμηνται. La partie dans laquelle nous entrons, peut-être la plus remarquable par des aperçus d'une rare finesse, nous dit comment il faut nous servir de ces armes toutes préparées, suivant les circonstances et les personnes. En un mot, elle traite de la *disposition* dialectique, comme le prouve également cette phrase par laquelle elle commence : μετὰ δὲ ταῦτα περὶ τάξεως, καὶ πῶς δεῖ ἐρωτᾶν λεκτέον.

Mais lorsqu'il est question de dialectique, il faut toujours se représenter deux adversaires qui sont aux prises, deux personnes qui discutent dans un but d'amour-propre, et qui cherchent, par des questions captieuses, à s'embarrasser mutuellement. Le prix qu'elles espèrent est de briller aux yeux des sots, toujours portés à donner raison à celui qui a parlé le dernier. Il faut donc que ce traité, sous peine d'être incomplet et de manquer à sa destination, nous apprenne en même temps et l'art d'*interroger* ou de poser les questions, et l'art de *répondre* ou d'éluder les difficultés, et enfin, *comment on soutient une thèse* en général, comment il faut diriger la discussion dans son ensemble. Tel est aussi le plan qu'a suivi l'auteur et que nous espérons mettre en évidence, sans enlever une seule règle, une seule idée, à la place qui lui est consacrée dans le texte.

1° Interroger (ἐρωτᾷν) en termes de dialectique, c'est argumenter à la manière de Socrate, c'est présenter, sous formes de questions, toutes les difficultés qui peuvent embarrasser un adversaire, tous les moyens, de quelque nature qu'ils soient, dont on peut faire usage dans la discussion. Or, ces moyens, considérés du point de vue le plus élevé, sont de deux espèces : les propositions nécessaires qui servent à la construction du syllogisme (ἀναγκαίας προτάσεις δι' ὧν ὁ συλλογισμὸς γίνεται) ; et les propositions accessoires ou contingentes (παρὰ τὰς ἀναγκαίας). Il faut toujours commencer par celles-ci et réserver les autres pour la fin, en les ménageant autant que possible [1].

On distingue les propositions accessoires par l'usage qu'on en fait, et, considérées sous ce point de vue, elles sont elles-mêmes partagées en quatre classes : les unes servent de base à l'induction (ἐπαγωγῆς χάριν), les autres ne sont que des moyens d'amplification (εἰς ὄγκον τοῦ λόγου); il en est qui servent à cacher d'abord le but qu'on veut atteindre (εἰς κρύψιν τοῦ συμπεράσματος); enfin les dernières sont au contraire destinées à le mettre au jour et à répandre la clarté sur toute la discussion (πρὸς τὸ σαφέστερον εἶναι τὸν λόγον) [2].

Ce qu'on entend ici par induction, ce n'est pas l'opération de l'esprit considérée en elle-même et comme moyen de trouver la vérité pour son propre compte; c'est une forme d'argumentation par laquelle on arrache à son adversaire une suite de concessions qui renversent son

---

[1] Τὰς μὲν οὖν ἀναγκαίας δι' ὧν ὁ συλλογισμός, οὐκ εὐθὺς προτάτων, ἀλλ' ἀποστάτων ὅτι ἀνωτάτω (liv. 8).

[2] Liv. 8.

système et le forcent d'accepter le nôtre. C'est la partie la plus essentielle de la méthode Socratique, dont la puissance est assez connue pour n'avoir pas besoin d'autre recommandation [1].

En tenant les esprits en suspens sur l'opinion qu'on veut soutenir, on diminuera beaucoup la résistance ; on ne s'exposera pas à voir attaquer avec opiniâtreté les moindres moyens qui pourraient la défendre. Or, pour atteindre à ce but, il faut procéder d'abord avec lenteur, avec calme, en s'emparant de toutes les issues qui peuvent rester ouvertes à notre adversaire ; il faut au contraire se précipiter vers la fin et annoncer sa conclusion, quand il n'est plus temps de la repousser. On se gardera d'insister avec trop de chaleur sur les points importants, si l'on ne veut pas que, par esprit de contradiction, ils nous soient contestés plus vivement [2]. Quand on n'a que de faibles raisons à faire valoir, il

---

[1] Ib.

[2] Ἁπλῶς δὲ εἰπεῖν, ὅτι μάλιστα ποιεῖν, ἄδηλον ; ἀδήλου γὰρ ὄντος τοῦ πρὸς τὴν θέσιν χρήσιμων, μᾶλλον τὸ δοκοῦν αὐτοῖς τιθέασιν. (ib. supr.)

faut se charger d'ornements; il faut multiplier les distinctions et les divisions ; il faut les noyer, pour ainsi dire, dans une foule de réflexions inutiles, mais toujours vraies ou intéressantes; en un mot, on essaiera de les faire passer à la faveur du désordre : tel est le but de l'amplification dialectique [1].

Mais les moyens précédents ne réussissent pas toujours ; excellents toutes les fois que nous n'aurons pour adversaires que des gens du monde (πρὸς τοὺς πολλούς), ils sont impuissants contre les hommes instruits qui connaissent aussi bien que nous les secrets et les ruses de la Dialectique (πρὸς τοὺς διαλεκτικούς). Dans ce cas, il faut marcher directement à son but par le moyen du syllogisme; il faut énoncer franchement la proposition qu'on veut démontrer, et se servir tout d'abord de ses plus solides arguments. Tels sont à peu près, avec les comparaisons et les exemples, les moyens qui concourent à répandre la clarté. En général, avec les forts comme avec les faibles, la question dialectique doit être posée sous une

---

[1] Ἔτι τὸ μηκύνειν καὶ παρεμβάλλειν τὰ μηδὲν χρήσιμα πρὸς τὸν λόγον ; πολλῶν γὰρ ὄντων, ἄδηλον ἐν ὁποίῳ τὸ ψεῦδος (ib).

forme tellement pressante qu'on ne puisse y répondre que par oui et par non [1].

2° La manière dont il faut répondre (ἀπόκρισις) n'est pas la même pour tous, mais elle varie selon le but qu'on veut atteindre. Ceux qui cherchent uniquement à s'instruire doivent oublier tout amour-propre et convenir sans hésiter de tout ce qui leur semble vrai. Ceux qui n'ont d'autre intérêt que la vanité, qui ne cherchent qu'à contredire toutes les opinions qu'on soutient en leur présence, de quelque nature qu'elles soient d'ailleurs, ceux-là doivent être sobres dans leurs réponses, dans la crainte que leurs adversaires ne tirent parti de leurs propres paroles. Enfin, ceux qui veulent uniquement s'exercer dans l'art du raisonnement et de la parole; ceux qui cherchent la discussion et non la dispute (μὴ ἀγῶνος χάριν, ἀλλὰ πείρας καὶ σκέψεως) ont à observer plusieurs règles différentes, qui dérivent de la nature même de la question. Mais aucune de ces règles, qui

---

[1] Ἔστι πρότασις διαλεκτικὴ πρὸς ἣν ἐστιν ἀποκρίνεσθαι ναὶ ἢ οὔ (liv. 8, ch. 2). Cet article embrasse les trois premiers chapitres du huitième livre, et finit par ces mots : Πῶς μὲν οὖν ἐρωτηματίζειν καὶ τάττειν δεῖ, σχεδὸν ἱκανὰ τὰ εἰρημένα.

remplissent plusieurs chapitres, ne mérite d'être citée [1].

3° Avant de soutenir une thèse (ὑπέχειν θέσιν), il faut d'abord examiner si elle peut être raisonnablement défendue; en un mot, si elle est soutenable. Or, elle ne l'est pas, toutes les fois qu'elle aboutit à des conséquences absurdes, ou quand elle favorise les passions et les mauvaises mœurs; enfin, lorsqu'elle est en opposition avec le sens commun, c'est-à-dire, avec des croyances généralement adoptées [2].

Après avoir choisi son sujet, il faut encore le méditer en silence pour le posséder sous tous les points de vue et pour prévenir autant que possible toutes les objections. Parmi ces dernières, les unes n'ont pas d'autre but que de prolonger la discussion et de ne pas nous laisser le temps de

---

[1] A cet article sont consacrés les chapitres 4, 5, 6 et 7, dont le premier commence par ces mots : Περὶ δὲ ἀποκρίσεως πρῶτον μὲν διοριστέον, etc.

[2] Cet article commence au chapitre 8 par ces mots : Ὑπέχειν δὲ καὶ θέσιν καὶ ὁρισμὸν αὐτὸν αὑτῷ δεῖ προσηχαρίσαντα; il s'étend jusqu'au chapitre 12, mais il n'y a que les chapitres 8 et 9 qui en aient fourni les matériaux, les deux autres étant à peu près stériles.

conclure, ou bien elles portent exclusivement sur la forme, tandis que les autres attaquent le fond même de nos idées et le raisonnement sur lequel nous voulons qu'elles soient fondées. Ce sont incontestablement les plus sérieuses et même les seules que l'auteur nous enseigne à prévenir. Dans ce dessein, il reproduit longuement ce qu'il a dit dans les *Analytiques*, et qu'il doit répéter encore dans les *Arguments Sophistiques*, sur les diverses espèces de raisonnements et les vices dont ils peuvent être entachés. On nous pardonnera sans doute de ne pas l'imiter dans cette circonstance. Nous remarquerons seulement, pour ne rien oublier, qu'outre les trois sortes d'arguments et de syllogismes mentionnés ailleurs, c'est-à-dire, le *philosophique*, le *dialectique* et le *sophistique*, il en reconnaît ici un quatrième, l'*aporème* (ἀπόρημα), qui établit une égalité parfaite entre le pour et le contre, et qu'on définit pour cette raison : le *syllogisme de la contradiction* (συλλογισμὸς διαλεκτικὸς ἀντιφάσεως). Ce n'est pas autre chose que le *dilemme*, qui en effet n'est mentionné nulle part, sous ce nom, dans toute l'étendue de l'*Organum*. Aristote fait preuve d'une profonde sagacité, en le comptant, malgré son apparence de rigueur, parmi les arguments dialectiques qui ne peuvent rien pour la découverte, ni même pour la démonstration de la vérité.

En général, la Dialectique nous donne l'habitude d'envisager une question sous toutes les faces et d'examiner en toute chose le pour et le contre. Si elle nous offre l'avantage de nous former à la discussion, de nous rendre habiles à manier la parole, elle est aussi d'une grande utilité pour la science et la philosophie elle-même, car l'impartialité est une des premières conditions de la vérité. Mais il ne faut pas discuter à tout propos et contre tout le monde (πρὸς τοὺς τυχόντας); il est rare que la discussion ne produise pas d'aigreur, alors même qu'elle a commencé dans les dispositions les plus calmes et les intentions les plus pures [1]. Ce conseil d'une rare sagesse mériterait d'être suivi encore aujourd'hui, et couronne

---

[1] Ὀυ δεῖ συνιστᾶναι εὐχερῶς πρὸς τοὺς τυχόντας, ἀνάγκη γὰρ πονηρολογίαν συμβαίνειν. Καὶ γὰρ ὅτι γυμναζόμενοι ἀδυνατοῦσιν ἀπέχεσθαι τοῦ διαλέγεσθαι μὴ ἀγωνιστικῶς (liv. 8, ch. 12).

dignement cette œuvre bizarre qui a coûté tant de finesse et de patience. Mais ne nous hâtons pas de la juger ; elle renferme plus qu'une autre des germes de liberté dont nous verrons les développements dans la seconde partie de cet ouvrage.

DES ARGUMENTS SOPHISTIQUES

(περὶ τῶν σοφιστικῶν ἐλέγχων).

Personne n'a jamais eu la pensée d'attribuer sérieusement ce petit traité à une autre plume qu'à celle d'Aristote. Il est mentionné dans cette phrase de Diogène Laërce : πρὸς δὲ τὴν χρῆσιν τά τε ἀγωνιστικὰ καὶ τὰ περὶ ἐρωτήσεως, ἐριστικά τε καὶ σοφιστικῶν ἐλέγχων. Il est désigné dans le texte anonyme, publié par Ménage, sous les deux titres suivants : Α. ἐλέγχων σοφιστικῶν, ἢ περὶ ἐριστικῶν νικῶν. Mais on a pensé qu'il ne formait pas un traité distinct des Topiques, parce que l'auteur ne l'en sépare jamais, lorsqu'il y fait allusion dans ses autres écrits[1]. Sans perdre du temps à examiner les raisons sur lesquelles on veut fonder cette opinion, nous dirons qu'elle est positivement démentie par le texte, d'abord par ces mots qui appartiennent au commencement du second chapitre : πόσα δέ εστιν ἔιδη τῶν λόγων, καί ποῖα μέρη τυγχάνει τῆς πραγματείας ὄντα...... ἤδη λεγώμεν; ensuite, par une autre phrase de ce même chapitre, déjà plusieurs fois citée, où cette partie de l'*Organum*, dont on nie l'indépendance, est placée absolument sur la même ligne que les Analytiques et les Topiques. Nous sommes les premiers à reconnaître qu'elle a beaucoup d'analogie avec ce dernier ouvrage et qu'elle est même nécessaire pour compléter l'art de la discussion; mais, malgré cette unité dans le fond des choses, la séparation n'en existe pas moins dans la forme et dans la pensée de l'auteur.

Le traité des Arguments Sophistiques n'a pas pour but, comme on pourrait le croire, de nous enseigner l'art dangereux et frivole de tromper nos semblables; mais, au contraire,

---

[1] Voy. Buhle, tome 3 de son édit. d'Arist. Introd. aux *Argum. Sophist.*

de le rendre impuissant, en nous dénonçant toutes ses ruses, en montrant au jour ses ressorts les plus cachés [1]. Il se divise par conséquent en deux parties si bien distinctes, que la plupart des éditeurs, qui ne sont pas toujours en contradiction avec le texte, en ont fait deux livres séparés. On trouve dans le premier une description détaillée de toute la méthode sophistique; le second nous enseigne à la combattre et à éviter les piéges qu'elle tend à notre esprit [2].

§ 1. Il y a des hommes qui prennent le masque de la sagesse pour exploiter la crédulité publique, faisant métier et marchandise du talent de mentir et usurpant les honneurs qui appartiennent aux vrais sages. Ces hommes sont les sophistes que chacun peut reconnaître aux caractères suivants : d'abord, à l'aide de quelques arguments captieux, ils ne craignent pas de combattre la vérité :

---

[1] Ἔστι δὲ ἔργον περὶ ἕκαστον τοῦ εἰδότος, ψεῦδος μὲν αὐτὸν περὶ ὧν οἶδε, τὸν δὲ ψευδόμενον ἐμφανίζειν δύνασθαι (Sophist. elench. ch. 1).

[2] Le premier s'étend du ch. 1 au ch. 17, le deuxième jusqu'au 34, qui est une espèce de conclusion générale.

cette idée est exprimée par le seul mot ἔλεγχος; ensuite ils insinuent le mensonge et l'erreur (ψεῦδος); enfin, ils se plaisent à soutenir des opinions paradoxales (παράδοξον). Outre ces trois caractères, l'auteur en reconnaît un quatrième et un cinquième qui consistent à mettre son adversaire dans la nécessité de violer les règles de la langue (σολοικισμός), et de se répéter constamment sans ajouter à sa pensée (τὸ πλεονάκις τὸ αὐτὸ λέγειν); mais il ne tarde pas à s'apercevoir qu'ils rentrent dans le premier, c'est-à-dire qu'il les compte au nombre des arguments, par lesquels nous allons commencer [1].

1° Les *Arguments* (ἔλεγχος) ne doivent pas être confondus avec les syllogismes. Ceux-ci sont employés à la démonstration (εἰς ἀπόδειξιν), et ceux-là à la contradiction (εἰς ἀντίφασιν). Les uns et les autres, puisqu'ils ne diffèrent que par l'usage qu'on en fait, sont compris sous la dénomination générale des raisonnements (λόγοι),

---

[1] Πόσων στοχάζονται δὲ ἐν τοῖς λόγοις ἀγωνιζόμενοι καὶ διαφιλονικοῦντες, ἔστι πέντε τὸν ἀριθμόν, ἔλεγχος καὶ ψεῦδος, καὶ παράδοξον καὶ σολοικισμὸς καὶ τελευταῖον τὸ πλεονάκις τὸ αὐτὸ λέγειν (ch. 8).

et la preuve en est que les raisonnements sont ici classés de la même manière que plus haut les syllogismes.

Or, tous les arguments à l'usage des sophistes se divisent en deux classes : les uns sont fondés sur les abus du langage (παρὰ τὴν λέξιν); les autres ont leur source ailleurs, c'est-à-dire, dans la pensée elle-même (ἔξω τῆς λέξεως).

A la première classe appartiennent les suivants, au nombre de six : l'équivoque (ὁμωνυμία) ou l'ambiguité des mots ; l'amphibologie (ἀμφιβολία), ou l'ambiguité des phrases ; la substitution du sens composé au sens divisé (σύνθεσις), ou ce qu'on appelait dans l'école *fallacia compositionis*; la substitution du sens divisé au sens composé, qu'on nommait dans l'école *fallacia divisionis* et qu'Aristote appelle simplement διαίρεσις. Ces quatre sophismes sont tellement connus que toute explication deviendrait fastidieuse. Le cinquième est fondé sur un vice d'accentuation (προσῳδία) qui suffisait dans les langues anciennes, mais surtout dans la langue grecque, pour changer entièrement le sens des mots, et par conséquent des phrases. Aristote en cite plusieurs exemples empruntés aux poëmes d'Homère. Enfin, le dernier sophisme de ce genre (σχῆμα τῆς λέξεως) consiste à substituer une forme grammaticale à une autre ; par exemple, la forme active à la forme passive, ou le masculin au féminin ; ce qui établit également une différence, ou au moins un désordre dans la pensée [1].

Dans la seconde classe on peut en compter sept : la confusion de l'essence et de l'accident, qu'on appelait dans l'école *fallacia accidentis* (παρὰ τὸ συμβεβηκός) ; la confusion de l'absolu et du relatif (*à dicto secundùm quid ad dictum simpliciter*, τὸ ἁπλῶς ἢ μὴ ἁπλῶς) ; l'ignorance de la question (*ignoratio elenchi*, παρὰ τὴν τοῦ ἐλέγχου ἄγνοιαν) ; la pétition de principe (παρὰ τὸ ἐν ἀρχῇ λαμβάνειν) ; la fausse conséquence (ὁ παρὰ τὸ ἑπόμενον ἔλεγχος), c'est-à-dire, la croyance erronée que la réciproque d'une proposition vraie ne peut jamais être fausse. Les deux derniers sont l'ignorance de la cause (*non causa pro causâ*, ὁ παρὰ τὸ μὴ αἴτιον ὡς αἴτιον), et la confusion des deux questions en une seule (παρὰ τὸ τὰ δύο ἐρωτήματα ἓν ποιεῖν [2]. Tous ces arguments peuvent se réduire

[1] Ch. 4.
[2] Τῶν δ᾽ ἔξω τῆς λέξεως παραλογισμῶν εἴδη ἐστὶν ἑπτά, κ. τ. λ. (ch. 8).

à un seul, qui est l'ignorance de la chose en question, de même que les autres ne sont au fond que l'ambiguité des mots. Mais, puisque la moitié des sophismes a sa source dans l'imperfection du langage, il est clair que l'on est bien plus exposé à se tromper dans la discussion que dans la méditation solitaire [1].

Cette classification est l'objet d'une longue justification, très-inutile sans doute, mais non sans intérêt pour l'histoire de la Philosophie, puisqu'elle nous apprend qu'avant la composition de l'*Organum*, on avait déjà essayé de diviser tous les arguments en deux classes : les uns de nom (πρὸς τοὔνομα), ou fondés sur le langage ; les autres de fait, ou fondés sur la pensée (πρὸς τὴν διάνοιαν) [2]. Aristote se déclare l'adversaire de cette opinion, par la raison fort juste que les idées et les mots, que la pensée et la parole sont inséparables. Cette distinction, dit-il, peut bien expliquer l'origine des sophismes,

---

[1] Μᾶλλον ἡ ἀπάτη γίνεται μετ' ἄλλων σκοπουμένοις ἢ καθ' ἑαυτούς, ἡ μὲν γὰρ μετ' ἄλλων σκέψις διὰ λόγων (ch. 7).

[2] Οὐκ ἔστι δὲ διαφορὰ τῶν λόγων ἣν λέγουσί τινες, τὸ εἶναι τοὺς μὲν πρὸς τοὔνομα λόγους, τοὺς δὲ πρὸς τὴν διάνοιαν (ch. 10).

mais elle ne donne pas naissance à deux genres de preuves absolument différents. Avant de quitter ce sujet, il fait mention d'un sophisme particulier à certains géomètres de l'antiquité, qui s'appuyaient sur des constructions vicieuses, capables seulement de tromper un instant les yeux, pour démontrer des propositions hypothétiques ou absurdes, telles que la quadrature du cercle. Il donne à ce faux raisonnement le titre de *Pseudographique* (ψευδογραφικὸς), qui en exprime parfaitement la nature [1].

2° Non contents de combattre la vérité, les sophistes, avons-nous dit, cherchent aussi quelquefois à défendre directement l'erreur. Ils essaient d'arriver à leur but, d'abord en le cachant avec soin, pour ne pas exciter la défiance; ensuite, ils adressent à leur interlocuteur une multitude de questions sans ordre et sans dessein apparents, afin de pouvoir plus tard se faire des arguments de ses propres paroles. Quelquefois aussi, ils dissimulent entièrement le désir d'argumenter, en feignant d'écouter et de s'instruire. Mais, insensiblement, ils vous conduisent sur un

---

[1] Ch. 11.

terrain que vous ne connaissez pas et où la victoire leur est assurée [1]. Si ce portrait, d'ailleurs très-intéressant, est vraiment celui d'un sophiste, il faut convenir qu'il a aussi beaucoup de ressemblance avec Socrate.

3° Enfin, voici les moyens qu'ils emploient pour soutenir des paradoxes. Ils commencent par adresser à leur interlocuteur ce que nous appelons un argument personnel : comme il appartient ordinairement à quelque secte philosophique, ils essaient de le convaincre que les opinions qu'il y a puisées sont en contradiction avec celles de tout le monde, ce qui est presque toujours vrai (cette réflexion est d'Aristote) [2]. Ils lui montrent ensuite qu'il y a peu d'accord entre les discours des hommes et leur conduite, entre leur vie extérieure et leurs plus secrètes pensées. Il n'en existe pas davantage entre les lois de la

---

[1] Cet article commence ainsi : Περὶ δὲ τοῦ ψευδομένου τε δεῖξαι καὶ τὸν λόγον εἰς ἄδοξον ἀγαγεῖν (τοῦτο γάρ ἦν δεύτερον τῆς σοφιστικῆς προαιρέσεως. κ. τ. λ. (ch. 12). Rien n'est donc plus fondé que le plan que nous suivons.

[2] Πρὸς τὸ παράδοξα λέγειν σκοπεῖν ἐκ τίνος γένους ὁ διαλεγόμενος εἶτα ἐρωτᾶν ἅ τοῖς πολλοῖς οὗτοι λέγουσι παράδοξον· ἔστι γὰρ ἑκάστοις, εἰ τοιοῦτον (ch. 12).

nature et celles des hommes ; et ce dernier argument est celui qu'ils font valoir de préférence. De tout cela, sans doute, il leur est facile de conclure qu'il n'y a point de paradoxe, mais que toutes les opinions ont la même valeur, pourvu qu'on ait le talent de les soutenir. Cet article est, avec le précédent, un précieux fragment d'histoire ; il nous prouve que les sophistes de la Grèce n'étaient au fond que des philosophes sceptiques qui auraient pu lutter sans trop de désavantage contre nos spirituels démolisseurs du dix-huitième siècle.

Mais ici, comme dans les Topiques, il ne suffit pas de connaître les arguments ; il existe aussi un art de les disposer et de nous en servir à propos. Ainsi, les sophistes ont tantôt recours à la diffusion, aux longues amplifications, pour fatiguer l'attention de leur adversaire, et tantôt leurs arguments se succèdent avec une telle précipitation, qu'il est impossible de les suivre et de les apprécier. Quelquefois ils essaient d'exciter les passions, surtout la colère, parce qu'elle rend aveugle et imprudent (ταραττόμενοι γὰρ ἧττον δύνανται φυλάττεσθαι πάντα). S'ils s'adressent à des personnes disposées à leur tenir tête et à ne rien laisser passer sans examen, ils ont l'air de marcher vers un but tout opposé à celui qu'ils se proposent. Les comparaisons et les similitudes, dont l'effet ordinaire est de rendre la pensée plus intelligible, ne sont pour eux que des moyens de la présenter sous un faux jour et des couleurs trompeuses. Leur fait-on des objections embarrassantes? ils savent les éluder au moyen d'une distinction, le fameux *distinguo* de l'école (δίττον ποιοῦντες). Quand ils voient leur proposition en danger d'être renversée, ils la retirent si habilement, pour en introduire une autre dont ils sont plus sûrs, qu'à peine a-t-on le temps de s'en apercevoir [1]. Enfin, nous connaissons à peu près ce qui fait la puissance des sophistes, et leur arsenal et leur stratégie; il faut que nous cherchions à présent les moyens de leur résister.

§ 2. On conviendra sans peine que cette seconde partie ne peut pas avoir la même importance à nos yeux, qu'elle ne mérite pas par conséquent d'occuper dans notre analyse la même place que la première. Entièrement dénuée d'in-

[1] Ch. 18.

térêt historique, elle ne présente aucun avantage pour la science elle-même; car, les sophismes une fois connus, ils ne sont plus dangereux. Et d'ailleurs, Aristote en convient lui-même, le talent de les résoudre est tout entier dans l'esprit d'à-propos et vient de l'exercice plutôt que d'une théorie : ἐκ τοῦ γεγυμνάσθαι γίνεται μᾶλλον [1]. Mais Aristote voulait rester fidèle à son plan si méthodique et si clair; il voulait à tout prix remplir son cadre; voilà ce qui nous a valu tant de pages stériles que nous résumerons en quelques mots, en nous faisant un devoir de ne pas omettre une seule idée qui puisse se traduire dans notre langue sans paraître puérile.

En général, il faut, pour résoudre les sophismes, les diviser d'abord en deux éléments distincts, dont l'un est le fond et l'autre la forme. Le fond est toujours une erreur ou une fausseté; mais quelques-uns ont la forme de la vérité, ils réunissent toutes les conditions du syllogisme régulier, tandis que les autres n'ont pas même cet avantage. Ces derniers sont les plus faciles à résoudre, leur fausseté étant évi-

[1] Ch. 10.

dente : il suffit de leur opposer une simple dénégation. Mais les premiers doivent être tous résolus par la distinction, puisque tous, ils peuvent se ramener à une confusion dans les termes ou dans les idées. Démontrer le contraire de ce qui est évidemment faux (ἀναίρεσις); diviser ce qui est confondu (διαίρεσις) : voilà les moyens de résoudre tous les sophismes imaginables [1].

Après avoir indiqué ces moyens généraux, on essaie de les appliquer successivement à chacun des treize sophismes énumérés plus haut, d'où résulte une multitude innombrable de règles particulières qui occupent à peu près une place aussi étendue que la première partie [2]. Mais, avant de terminer ce traité et l'*Organum* tout entier, Aristote dit positivement qu'il est entré le premier dans la carrière qu'il vient de parcourir; que l'enseignement de ces hommes, qui se faisaient un métier de disputer sur les sujets les plus frivoles (τῶν περὶ τοὺς ἐριστικοὺς λόγους μισθαρνούντων), était assez fidèlement représenté dans le Gorgias de Platon ; qu'il y avait bien

---

[1] Ch. 17 et 18.
[2] Depuis le ch. 10 jusqu'au 34ᵉ exclusivement.

quelques arguments captieux, quelques recettes généralement en usage pour embarrasser un adversaire sans expérience, mais que personne n'avait songé encore à formuler toutes les règles du syllogisme, quoiqu'il existât depuis long-temps dans la pratique : en conséquence, il réclame à la fois et l'indulgence et la reconnaissance de ses lecteurs. Comme cette fin est assez intéressante, nous allons essayer de la traduire : « Une grande partie des règles de la Rhétorique » étaient connues long-temps avant nous ; mais » il n'existait absolument rien sur l'art de rai- » sonner par syllogisme, sinon qu'on perdait » beaucoup de temps à l'acquérir par la pra- » tique. Si donc, dans l'état où elle paraît ici » pour la première fois, cette méthode vous » semblait trop imparfaite comparativement aux » autres sciences qui ont beaucoup hérité des » générations précédentes, il serait alors de » votre devoir, à vous tous qui lisez ou qui » entendez lire cet écrit, de me pardonner les » choses qui ont pu m'échapper, et de me savoir » au contraire beaucoup de gré pour celles dont » on peut m'attribuer l'invention. » Ce passage qu'il est impossible d'appliquer au seul traité des

Arguments Sophistiques, nous prouve en même temps, comme nous l'avons dit dès le commencement, que l'*Organum*, ou tout au moins les trois derniers traités, formaient réellement un seul tout dans la pensée d'Aristote.

FIN DE L'ANALYSE DE L'ORGANUM.

ESQUISSE

D'UNE

HISTOIRE DE LA LOGIQUE

PRÉCÉDÉE

D'UNE ANALYSE ÉTENDUE

DE L'ORGANUM D'ARISTOTE.

DE LA LOGIQUE

APRÈS ARISTOTE.

Lorsqu'a une époque de réflexion et de lumière, dans un état de civilisation comme celui des Grecs au temps de Platon et d'Aristote, une nouvelle science est reconnue nécessaire pour contenter les besoins toujours croissants de la pensée, elle n'atteint pas sans doute, dès le jour de sa naissance, à son plus haut point de perfection et de grandeur; mais elle ne peut pas commencer non plus par une ébauche tout-à-fait grossière, sans vérité et sans méthode, comme celles qui appartiennent à l'enfance de la Philosophie et de l'intelligence humaine. Il faut qu'elle paraisse pour la première fois dans un système qui porte au moins le caractère du temps où il a été conçu, et qui, par ses imperfections mêmes, provoque l'enfantement de plusieurs autres systèmes, hostiles en apparence, dont chacun montre la science, qu'il prétend comprendre tout entière, sous un point de vue nouveau, et l'élève d'un degré vers le terme où elle doit s'arrêter. C'est ainsi que nous avons vu se former presque sous nos yeux la Philosophie de l'Histoire, et même l'Histoire de la Philosophie. C'est ainsi qu'a commencé la Logique, dont l'*Organum* est, sans contredit, le premier monument [1]. L'histoire de l'*Organum* n'est donc pas autre chose que l'histoire de la Logique elle-même ; et réciproquement, si quelqu'un voulait nous faire con-

---

[1] Aristote avoue que dans les autres sciences dont il s'est occupé, en politique, en morale, en rhétorique, il a eu ses prédécesseurs, dont les travaux, quoique très-imparfaits, lui furent d'un grand secours ; mais il s'attribue hautement l'invention de la Logique, dont il nie avoir rencontré la moindre trace dans les leçons des sophistes et des rhéteurs qui ont existé avant lui. C'est à ce titre qu'il sollicite l'in-

naître tous les progrès de cette science, toutes les vicissitudes qu'elle a subies depuis le moment de sa première apparition dans le monde intellectuel jusqu'à nos jours, il serait obligé d'étudier d'abord l'œuvre d'Aristote et de rechercher ensuite quelle influence elle a exercée, au moins sur les grands hommes qui sont entrés dans la même carrière, quelle part ces derniers y ont ajoutée, quelle part ils en ont retranchée ou conservée ; il ferait, en un mot, l'histoire de l'*Organum*, telle qu'il faut l'entendre ici, dans un sens vraiment philosophique.

Pour comprendre comment la Logique est sortie tout entière du système assez étroit que nous venons d'exposer ; pour apprécier dignement l'influence d'Aristote sur ceux-là même qui passent à nos yeux pour ses plus ardents détracteurs, et qui ont en effet pour un instant ren-

dulgence de ses lecteurs, ce qu'il ne fait jamais ailleurs......
Ταύτης δὲ τῆς πραγματείας οὐ τὸ μὲν ἦν, τὸ δὲ οὐκ ἦν προεξειργασμένον, ἀλλ' οὐδὲν παντελῶς ὑπῆρχε (sophist. elench., ch. 34).
On ne peut pas dire que ces paroles se rapportent au traité des Arguments Sophistiques, puisque l'auteur accorde, un peu plus loin, que l'art sophistique a toujours été enseigné.

versé dans la boue le trône qu'il a occupé pendant des siècles comme législateur suprême de la pensée, il faut que nous sachions d'abord de quelle manière, sous quel aspect il a envisagé la science dont l'invention est due à son génie. Or, il est facile de voir, par les reproches que lui ont adressés tous les grands représentants de la philosophie moderne, et par une lecture attentive de son œuvre, qu'il n'y faut pas chercher l'*art de penser*, comme on a dit lontemps après lui, l'art de gouverner son intelligence et de chercher la vérité pour soi-même, mais celui de l'exprimer et de la développer au moyen de la parole. Nulle part, il n'expose les règles de la réflexion et de la méditation solitaires ; nulle part, il ne descend dans la conscience pour étudier le travail, l'organisation intime de la pensée et les limites dans lesquelles elle doit s'arrêter ; mais il nous parle toujours de ses formes extérieures, des *figures* sous lesquelles se manifeste nécessairement chacune de ses opérations. La *catégorie*, la *proposition logique* (ἀπόφανσις) et le *syllogisme* sont-ils donc autre chose que les formes extérieures, que les figures de la simple notion, du jugement et du raisonnement ? Et l'*Organum* tout entier ne fait-il pas suite à la *Rhétorique* et à la *Poétique* ? Ce que les rhéteurs appellent *figures* n'est en effet pas autre chose que les diverses formes sous lesquelles l'imagination et la sensibilité se trahissent dans la parole, indépendamment de la signification particulière des mots. Or, après avoir décrit toutes ces formes avec tant d'exactitude et de précision, ne fallait-il pas, pour laisser à la postérité une œuvre complète, y ajouter celles de l'intelligence pure ou de la pensée réfléchie ? Quand les figures sont régulières, la pensée est vraie, probable, au moins claire; quand elles ne le sont pas, la pensée est fausse ou inintelligible. Tel est, selon nous, tout le système logique d'Aristote, à part quelques digressions assez rares où il considère son sujet d'un point de vue plus élevé. Peut-être subissait-il à son insu l'influence de son illustre maître qui a presque identifié la parole avec la pensée et qui définissait cette dernière une parole intérieure, un dialogue de l'âme avec elle-même (ἐντὸς τῆς ψυχῆς πρὸς ἑαυτὴν διάλογος ἄνευ φωνῆς γιγνόμενος, τοῦτ' αὐτὸ ἡμῶν ἐπωνυμάσθη διάνοια).

Telles sont pourtant, malgré ses bornes rétrécies, la force, la beauté et l'unité de ce système, qu'il a régné sans partage dans toutes les écoles, pendant une période de quatorze ou quinze siècles. C'était presqu'un sacrilége, un crime de lèze-majesté divine et humaine de méconnaître l'autorité que lui accordaient unanimement les hommes les plus divisés d'opinions philosophiques et de croyances religieuses. Durant ce laps de temps immense, on ne songeait guère qu'à le répandre, à le traduire dans toutes les langues alors en usage chez les savants, à le commenter, à l'élaborer dans ses moindres détails et à le défigurer en le poussant à ses dernières conséquences. C'étaient les beaux jours de la *Méthode syllogistique*. Cependant, l'on commence à comprendre le vrai caractère du syllogisme; on le trouve excellent pour exprimer la vérité, pour la développer et la féconder, mai incapable de la faire trouver. On abandonne les formes extérieures pour les opérations mêmes de la pensée, disposées dans un ordre convenable et érigées en règles générales. On ne parle plus des figures et des modes, mais de l'observation et de l'induction, de l'analyse et de la synthèse qui, dans le fond, ne sont pas autre chose que la réflexion dans ses différents moments. L'art *d'argumenter* fait place à l'art *de penser*; à la méthode dogmatique en usage jusqu'à eux, Bacon et Descartes, les deux pères de la philosophie moderne, essaient de substituer la *méthode expérimentale*. Environ un siècle après ces deux grands hommes en vient un autre, beaucoup plus hardi, qui tient à la fois de Descartes et d'Aristote; de celui-ci, par la sévérité et quelquefois la raideur des formes, par la forte unité de son système et l'admirable harmonie de toute son œuvre; de celui-là, par son rare talent d'observation et d'analyse, par sa marche éminemment et exclusivement psychologique, par son désir de tout ramener aux faits de conscience, malgré ses études approfondies sur le monde sensible. Si nous ne devions pas le considérer exclusivement par rapport à notre sujet, nous dirions qu'il tient aussi de Platon par la direction naturelle de ses idées et le fond de ses doctrines. Il ne cherche plus à nous apprendre par quelles opérations de la pensée; comment, à l'aide de son intelligence et de sa raison, on discerne la vérité de l'erreur; comment il faut faire la critique des faits et des choses : c'est la pensée, la raison elle-même qu'il soumet à sa critique pour savoir jusqu'où s'étend sa puissance, et de quelle confiance elle est digne. Au lieu de rechercher, comme ses prédécesseurs, par quels actes, par l'usage de quelles formes, par l'observation de quelles règles nous pouvons étendre nos connaissances et mettre notre esprit en possession des choses ; il veut savoir auparavant si réellement les choses peuvent être connues de nous, quelles sont les bornes imposées à nos facultés intellectuelles et les formes ou les fonctions mêmes de la pensée, afin qu'on les distingue des objets que nous connaissons. Le nom de cet homme c'est EMMANUEL KANT, et sa méthode (car son système appartient évidemment à la Logique, comme nous le démontrerons encore mieux plus tard), sa méthode s'appelle la *méthode critique* ou *transcendantale*. Enfin, las de rester renfermé en soi-même sans oser croire à sa propre réalité ; las de n'étudier la pensée que sous un point de vue réfléchi et limité, où elle se brise et se met en opposition avec elle-même, on essaya de lui rendre l'unité, la vérité et la paix ; on voulut la saisir dans sa pureté et sa totalité, c'est-à-dire, à cette région où nulle distinction, nulle opposition n'existe encore, où par conséquent la pensée et la raison se confondent avec la réalité. Puis on essaya de démontrer comment tout sort de son sein, comment elle se développe elle-même d'une manière méthodique, selon toutes les règles du syllogisme, pour se transformer en toutes choses. Cette révolution a été accomplie de nos jours par Hégel [1], le fondateur d'une nouvelle Logique, à laquelle il donne le nom de *Logique spéculative*. Ainsi, l'histoire de la Logique se divise d'elle-même en quatre époques qui représentent, non seulement toutes les révolutions accomplies dans cette science depuis le jour où elle est née, mais encore toutes celles que sa nature même lui permet de subir. Elles la montrent à nos yeux dans sa véritable étendue; elles la déroulent dans toutes ses parties en nous indiquant l'ordre même dans lequel il faut les traiter. Il serait en effet difficile d'en imaginer une

[1] Pour justifier ce que nous en disons ici, il nous suffit, en attendant de plus amples développements, de rapporter ce principe placé en tête de sa *Philosophie du Droit*, et répété dans la préface de sa Logique. « Tout ce qui est » rationnel est réel, et tout ce qui est réel est rationnel. »

Was vernünftig ist, das ist wirklich,
Und was wirklich ist, das ist vernünftig.

cinquième ; ce qui ne veut pas dire que la science est finie, mais qu'aujourd'hui seulement nous en comprendrons le but dans son importance et sa dignité si long-temps méconnues, et peut-être qu'en joignant les leçons du passé à nos propres efforts, pourrons-nous un jour le réaliser. Non contents de démontrer que toutes les révolutions et les systèmes ne sont que le développement régulier, méthodique de l'idée première d'Aristote, nous essaierons aussi de faire connaître l'influence immédiate exercée par ce dernier sur chacun des grands hommes dont les noms viennent d'être cités.

I.

MÉTHODE SYLLOGISTIQUE.

La méthode syllogistique, même dans ce qu'elle a de plus outré, dans ses formes les plus pédantesques et les plus ridicules, ne commence pas, comme on le croit communément, avec les écoles philosophiques du moyen-âge; elle date d'une époque bien plus reculée; elle appartient déjà tout entière à l'antiquité qui, après Aristote, n'a plus produit aucune œuvre originale dans le but de tracer des règles à la pensée. Mais dans quelle école de l'antiquité, appartenant à cette période, espère-t-on même rencontrer une méthode et une logique? Assurément, ce n'est pas dans la moyenne ni dans la nouvelle Académie, qui ne diffèrent entre elles que par la date de leur naissance et qui s'accordent à nier la possibilité de toute science (ἐπιστήμη), pour n'admettre que des opinions plus ou moins probables (δόξα, πιθανόν). Espèce de criticisme avorté [1], ou de scepticisme lâche et hypocrite qui n'ose pas avouer les conséquences qu'il porte dans son sein; car, quelles que soient la réserve et la sagesse qu'on affecte dans la pratique, quand on nie la sience, il n'existe plus de méthode pour nous y conduire. Ce n'est pas non plus dans l'école mystique d'Alexandrie qui n'avait plus besoin de chercher des règles pour gouverner la raison, du moment où elle

---

[1] Il existe en effet plus d'un point de ressemblance entre les doctrines de la nouvelle académie et celles de Kant. Ainsi que ces dernières, elles séparaient entièrement la théorie de la pratique et relevaient dans celle-ci l'autorité du sens commun, qu'elles renversaient dans celles-là; comme si la raison pratique et la raison théorique n'étaient pas une seule et même raison. Les disciples d'Énésidème et de Carnéades, aussi bien que les partisans de Kant, ne niaient pas la réalité des choses (ἀκατάληπτα πράγματα, *das Ding an sich*, de nos Germains); mais ils soutenaient que nous ne pouvons les saisir que par la manière dont elles affectent nos

admet une autre source de connaissances ou une espèce de révélation supérieure à la raison, et qui resta fidèle aux doctrines de l'*Organum*, tant qu'elle demeura dans les véritables limites de la science. Si donc quelques philosophes de l'antiquité, postérieurs au Stagyrite, se sont occupés de Logique et de méthode comme d'une science à part, ils ne peuvent appartenir qu'aux écoles d'Épicure et de Zénon, ou c'est Épicure et Zénon lui-même. Nous savons en effet que le premier a écrit un ouvrage intitulé *Canonique*, c'est-à-dire, des canons ou des règles de la pensée, et que la Logique était une partie très-importante de la philosophie des Stoïciens. Nous allons jeter un coup-d'œil rapide sur leurs systèmes.

sens, que nous les voyons seulement telles qu'elles nous paraissent, et non pas telles qu'elles sont : c'est là certainement la signification qu'il faut attacher au mot φαντασία, qui est très-bien traduit dans le système allemand par *Erscheinung*. Mais le philosophe critique, par sa profonde analyse, met à découvert les ressorts et les procédés les plus cachés de la pensée, tandis que le philosophe grec ne sort pas des limites de la sensation. (Voir Cic. acad. Valent., introd. ad acad. Diog. Laërt. — Sext. Empiric.)

Il est vrai que l'ensemble des doctrines d'Épicure, c'est le sensualisme, dans ce sens qu'il n'admettait comme réelles que les choses qui tombent sous nos sens ; mais il ne faudrait pas en conclure qu'il a recommandé et qu'il a lui-même mis en pratique les règles d'une sage expérience. Le sensualisme le plus grossier, le plus exclusif est souvent le résultat d'un dogmatisme sans frein, et il n'est pas rare, d'un autre côté, de voir les partisans les plus zélés de la méthode d'observation arriver à l'idéalisme et à toutes ses conséquences. Ainsi, Hobbes le matérialiste se distingue entre tous les philosophes modernes par l'inflexible rigueur de ses démonstrations, par la raideur de son allure presque géométrique. On n'accusera pas non plus, j'espère, Descartes et Kant d'avoir été étrangers à l'expérience. Le procédé le plus important, la base de la méthode expérimentale, c'est l'induction ; et Épicure n'en a pas parlé ; du moins, aucun historien de la Philosophie, soit ancien ou moderne, ne nous autorise à le supposer. Sa Canonique, telle qu'elle nous a été conservée, éparse dans les anciens monuments et reconstruite avec une sorte d'unité systématique, dans les œuvres de Gassendi[1], ne renferme guère que les principes généraux, que le fond de l'*Organum* sans la forme, pour laquelle on affecte un mépris très-injuste, quand même il ne serait pas une inconséquence. Toutes les questions sont divisées en deux classes : les questions de mots et les questions de choses. Pour celles-ci on n'exige que de la clarté (σαφηνείαν), c'est-à-dire, de bonnes définitions ; pour résoudre celles-là, il faut savoir faire une juste appréciation et un usage légitime de nos différents moyens de connaître. Toutes nos facultés intellectuelles, ou plutôt tous les faits qu'on peut désigner sous les noms généraux de connaissance et de pensée, sont au nombre de trois que l'on appelle les *criterium* de la vérité 1° la sensation (αἴσθησις); 2° le jugement ou l'opinion (δόξα); 3° les idées générales désignées sous le nom d'*anticipations* (πρόληψις). Il y a en outre les passions (παθήματα), auxquelles on reconnait une valeur logique, puisqu'elles sont proclamées juges souverains en matière de morale ; puisqu'on n'admet pas d'autres moyens de discernement entre le bien et le

---

[1] Institutiones logic., logic. Epicure, tome 1 de ses œuvres compl., tom. 3 et 5.

mal : mais les limites de notre sujet ne nous permettent pas de nous en occuper. La *sensation* se rapporte toujours à des objets particuliers et concrets ; elle est le *criterium* par excellence, le *criterium* infaillible sans lequel tous les autres n'auraient aucune valeur ; car le raisonnement repose sur le jugement qui lui-même s'appuie sur la sensation. Elle est le principe de toutes nos connaissances et n'est pas plus susceptible de démonstration que de réfutation. Tous nos sens indistinctement ont la même autorité. L'*opinion*, dans le système d'Épicure, n'est pas autre chose que cet acte libre de la pensée par lequel nous réunissons, nous divisons et combinons de mille manières les notions particulières qui nous viennent à la suite de la sensation. C'est ce que tout le monde appelle le jugement. Lui seul peut nous tromper et nous trompe en effet, toutes les fois qu'il ne repose pas immédiatement sur le témoignage de nos sens. Ces derniers ne doivent jamais être accusés des illusions dans lesquelles nous tombons quelquefois. Enfin, les *anticipations* sont des idées générales que nous formons librement par une suite d'abstractions et de comparaisons entre des idées purement sensibles. Elles désignent les derniers termes de toute classification et sont exprimées par des définitions. Nous sommes obligés de les supposer avant de raisonner ; mais elles sont elles-mêmes précédées de la sensation et d'une suite d'opérations qui n'ont rien de commun avec celles qui nous livrent l'absolu ou les principes à priori. Aussi les a-t-on justement définies une espèce de souvenir d'un phénomène extérieur fréquemment répété (μνήμην τοῦ πολλάκις ἔξωθεν φανέντος) [1] ; car du moment où l'on ne reconnaît nulle part le caractère de l'absolu, le général n'est évidemment qu'un simple phénomène qui reparaît uniformément et constamment au milieu des autres. Gassendi qui, dans son caractère personnel et dans ses œuvres, n'est pas autre chose, comme on sait, qu'Épicure lui-même ressuscité au dix-septième siècle, explique de la même façon la formation de nos idées qu'il désigne indistinctement sous le nom d'*image* ; il soutient même que l'idée la plus absolue dont nous puissions être en possession, que l'idée de

---

[1] Diog. Laërt., liv. 10. Plut. de plac. Philos., liv. 4. Gassendi, hist. log.

Dieu n'est qu'une image sensible plus ou moins imposante [1]. On voit qu'il n'est pas besoin d'un grand effort d'intelligence pour reconnaître, dans le peu que nous venons de dire, la plupart des principes exposés dans les *secondes Analytiques*, et surtout dans le dernier chapitre de ce traité [2], où Aristote abandonne en effet la forme, c'est-à-dire le syllogisme, pour s'occuper du fond même de la démonstration et de la pensée. Seulement, Épicure, en cela plus conséquent, mais d'un génie beaucoup moins large et moins élevé qu'Aristote, n'accorde pas à ses idées générales une valeur et une dignité dont elles sont exclues par leur naissance.

L'école de Zénon a montré de l'originalité, elle a vraiment contribué aux progrès de la science, en donnant à la morale une base solide qui lui manquait auparavant ; en mettant à découvert le principe du devoir, et, ce qui est mieux

---

[1] Log. de Gassendi, prem. part. *de imaginatione*. Cette Logique de Gassendi, c'est celle d'Épicure, à laquelle on a ajouté les règles du syllogisme avec quelques changements sans importance.

[2] Ce chapitre est presque traduit entièrement dans notre Analyse de l'*Organum*.

encore, en le pratiquant dans toute sa pureté, également éloignée et du mysticisme et du sensualisme. Mais la Logique qu'elle a prétendu fonder n'est, dans le fond et dans la forme, qu'une servile imitation de celle d'Aristote dont elle ne diffère que par quelques expressions plus ou moins bizarres. Relativement à ce sujet, Cicéron a bien raison de dire que les Stoïciens se distinguent des Péripatéticiens par les mots plutôt que par les choses : « *Stoicos à peripateticis non rebus dissidere, sed verbis.* » En effet, s'appuyant hautement sur cette opinion de Platon, dont nous avons déjà fait mention, *que la pensée n'est qu'une parole intérieure ou un dialogue sans voix*, ils attachaient la plus haute importance à toutes les formes extérieures de la pensée, mais surtout à la théorie du syllogisme. « Εὐχρηστάτην δὲ φάσιν εἶναι τὴν περὶ τῶν συλλογισμῶν θεωρίαν [1]. » Elle faisait la matière principale de leur *Dialectique*, qu'ils définissaient *la science du vrai, du faux et des choses qui n'appartiennent ni à l'un ni à l'autre,* c'est-à-dire, les choses

---

[1] Diog. Laërt., liv. 7, Zénon et Chrysipp.

probables [1]. Il est facile de voir que cette simple définition ne fait que reproduire le plan général de l'*Organum*, car la science du vrai, l'art de trouver la vérité, c'est le traité des *Analytiques*. L'erreur et les diverses formes sous lesquelles on peut quelquefois la déguiser font la matière des *Arguments Sophistiques*; et enfin les *Topiques*, plus justement désignés sous le nom de *Dialectique*, enseignent expressément l'art de raisonner sur des probabilités [2]. Le mot *Logique* avait pour Zénon et ses disciples une signification bien plus étendue, car il désignait à la fois et la science dont nous venons de donner la définition, et la Rhétorique, qu'ils considéraient seulement comme deux parties distinctes d'une même science, ce qui met plus en évidence le rapport que nous avons établi plus haut entre l'*Organum* et la

---

[1] Ἐπιστήμην ἀληθῶν τε καὶ ψευδῶν καὶ οὐδετέρων (ib. sup. Sextus Empiric. adv. Math., p. 469. — Quelquefois elle était définie d'une manière plus conforme à son titre : ἡ τέχνη τοῦ ὀρθῶς διαλέγεσθαι περὶ τῶν ἐν ἐρωτήσει καὶ ἀποκρίσει λόγων (ib).

[2] Voir notre *Analyse*, introd. et commenc. de ces différentes parties.

Rhétorique d'Aristote. La *Dialectique* stoïcienne, considérée dans toute sa généralité et dans le fond même des matières dont elle s'occupait plutôt que dans l'usage qu'on en pouvait faire, était partagée en deux moitiés, dont l'une traitait des opérations mêmes de l'intelligence, de nos idées, de leur formation et de la confiance qu'elles méritent (τὰ σημαινόμενα); dans l'autre, il n'était question que des figures sous lesquelles elles sont exprimées par la parole, et en général de tous les signes et de toutes les formes de langage (τὰ τῆς φωνῆς)[1]. Mais, encore une fois, dans tous les fragments que nous en ont conservés les plus anciens monuments de l'histoire de la Philosophie ; dans toutes les citations qu'on peut rassembler sur ce sujet, on ne découvrirait pas une seule pensée originale qui ait vraiment reculé les limites de la science, à moins qu'on n'attache une importance exagérée à quelques détails qui appartiennent à la grammaire plutôt qu'à la Logique.

---

[1] Τὴν διαλεκτικὴν διῃρεῖσθαι εἴς τε τὸν περὶ τῶν σημαινομένων καὶ τῆς φωνῆς τόπον (Diog. Laërt.).

Les Stoïciens, aussi bien que les Péripatéticiens, comparaient l'esprit à une table rase [1], sur laquelle vient s'imprimer fortuitement, sans le concours de notre volonté (κατὰ περίπτωσιν), l'image des objets dont nous pouvons avoir connaissance. Cette image, ou, plus généralement, cette modification de l'esprit, qu'ils appelaient φαντασία, n'est pas la sensation, mais elle doit venir à la suite de la sensation, et ils l'assimilaient à l'empreinte plus ou moins nette que produit un cachet sur la cire [2]. Selon d'autres, elle était ainsi appelée du mot φῶς, qui signifie lumière; parce que, semblable à la lumière, en même temps qu'elle éclaire les objets, elle s'éclaire et se réfléchit elle-même [3]. C'est exactement la comparaison qu'emploie M. de Bonald, quand il veut démontrer

---

[1] Plut., liv. 4, ch. 8 de plac. philos. Valentia introd. ad Academ.

[2] Τὴν φαντασίαν εἶναι τύπωσιν ἐν ψυχῇ τοῦ ὀνόματος οἰκείως μετενηνεγμένου ἀπὸ τῶν τύπων ἐν τῷ κηρῷ ὑπὸ τοῦ δακτυλίου γινομένων (Diog. Laërt. loca cit).

[3] Ἔρηται φαντασία ἀπὸ τοῦ φωτός, καθάπερ γὰρ τὸ φῶς αὑτὸ δείκνυσι καὶ τὰ ἄλλα τὰ ἐν αὐτῷ περιεχόμενα, καὶ ἡ φαντασία δείκνυσι ἑαυτὴν καὶ τὸ πεποιηκὸς αὐτήν. Cette définition est de Chrysippe, si nous en croyons Plutarque (Plac., phil., liv. 4, ch. 12).

que la parole est inséparable de la pensée, et il faut se rappeler que les Stoïciens aussi voulaient presqu'identifier ces deux choses. Tout involontaire que soit cette impression des objets sur nous, elle peut cependant subir, et elle subit en effet diverses transformations par l'action de l'esprit lui-même, ou bien de cette faculté de l'esprit qu'ils désignaient sous le nom d'ἡγεμονικόν, et qu'Aristote appelle l'*intelligence active* (νοῦς ποιητικός), ou simplement l'intelligence (νοῦς). Il lui faut d'abord, de la part de cette dernière, un acte d'adhésion bien connu dans la psychologie moderne, sous le nom d'assentiment (συγκατάθεσις), puis elle peut être généralisée par induction (καθ' ὁμοιότητα), ou par analogie (κατ' ἀναλογίαν); on peut en changer les proportions naturelles; on peut la défigurer et l'embellir par composition (κατὰ σύνθεσιν) et par transposition (κατὰ μετάθεσιν), comme lorsqu'on a imaginé les hippocentaures et les cyclopes; on peut enfin les anéantir par négation et par opposition (κατ' ἐναντίωσιν καὶ στέρησιν). Telles sont à peu près les diverses modifications que nous faisons subir à nos idées à mesure qu'elles s'introduisent en nous, à l'exception des idées du bien et du mal et de quelques principes en petit nombre que les Stoïciens désignaient, comme Épicure, sous le nom général d'anticipation (πρόληψις), mais auxquels ils assignaient une origine plus noble ; qu'ils regardaient, en un mot, comme des connaissances *à priori*[1]. Ils croyaient donc, ainsi que les disciples de la nouvelle Académie, que les objets sont insaisissables en eux-mêmes (ἀκατάληπτα εἶναι αὐτὰ τὰ πράγματα) ; mais ils ne doutaient pas de la vérité et de la fidélité de nos représentations (φαντασίαν καταληπτικήν). Toute la différence qui existe entre la science (ἐπιστήμη), l'opinion (δόξα), et l'erreur (φάντασμα, pour la distinguer de la représentation vraie (φαντασία), vient de l'usage plus ou moins légitime que nous faisons de notre intelligence active, ou de la circonspection plus ou moins grande avec laquelle notre esprit donne son assentiment [2].

---

[1] Φυσικῶς δὲ νοεῖται δίκαιόν τι καὶ ἀγαθόν. — Ils définissaient l'anticipation : ἔννοια φυσικὴ τῶν καθόλου (Sext. Empiric. adv. Math., p. 372).

[2] Sext. Empir. adv. Math., p. 106. Diog. Laërt., liv. 7, vie de Chrysippe. — Aristote établit la même distinction entre la *science* et la *croyance*, dans les deuxièmes Analyt., liv. 1, ch. 51. — Topic., liv. 1, ch. 1, 2, 5.

Telles sont à peu près les doctrines enseignées dans la première moitié de leur Dialectique : nous savons qu'elles seraient plus à leur place dans une histoire de la psycologie; mais puisque des doctrines semblables remplissent une grande partie de l'*Organum* dont elles sont la base, comme nous l'avons déjà fait observer, nous sommes obligés de les rapporter, pour qu'on puisse les comparer et se convaincre de leur similitude.

La seconde moitié de la Dialectique stoïcienne s'occupait des termes isolés (κατηγορήματα), des propositions (ἀξιώματα) et des arguments de toute espèce, mais particulièrement du syllogisme. A l'exception de ce dernier, toutes ces matières sont du ressort de la grammaire à laquelle les Stoïciens ont rendu quelques services. Cependant, Aristote s'en est aussi occupé dans son traité de l'*Interprétation* sous un point de vue purement logique ; mais ils ont perfectionné son œuvre en y ajoutant de nouveaux détails et en donnant une analyse plus complète de la proposition. Dans la théorie du syllogisme, à laquelle ils attachaient tant d'importance, ils n'ont rien pu changer que les noms ; ils ont substitué à des expressions consacrées des expressions nouvelles et arbitraires dont le temps a fait justice. Ainsi, la majeure fut appelée λῆμμα, la mineure πρόσληψις, et la conclusion ἐπιφορά [1]. Aux différentes espèces de syllogisme reconnues par Aristote, ils ont ajouté le syllogisme *abstrait* (τρόπος), dont tous les éléments, les propositions et les termes sont représentés par des lettres, comme cela arrive fréquemment dans l'*Organum*. Celui qui renferme à la fois des termes abstraits représentés par des lettres et des termes ordinaires était appelé λογότροπος; enfin, sous la dénomination d'ἀπόρους λόγους, ils admettaient aussi un certain nombre d'arguments de l'école, comme ceux de Zénon d'Élée contre le mouvement et la divisibilité, ou comme les sophismes dont l'invention est attribuée à Eubulide, disciple de l'école mégarique. Le plus fameux de ces arguments, c'est celui qu'on appelle la *raison paresseuse*, et dont Leibnitz fait plus d'une fois mention dans ses *essais de Théodicée*. Les Stoïciens, qui croyaient perfectionner le syllogisme, en ont abusé et ont

---

[1] Λόγος ἐστὶ τὸ συνεστηκὸς ἐκ λήμματος ἢ λημμάτων καὶ προσλήψεως καὶ ἐπιφορᾶς (Diog. Laërt., loc. cit).

répandu le goût des argumentations subtiles qui étouffent l'amour de la science au lieu de le féconder. Aussi Sénèque a-t-il raison de s'écrier, dans un mouvement d'indignation : « *O pueriles ineptias! in hoc supercilia subduximus! in hoc barbam demisimus! hoc est quod tristes docemus et pallidi*[1] ! »

Quoique les efforts de l'antiquité pour fonder une nouvelle Logique sur les débris ou à côté de celle d'Aristote n'aient été couronnés d'aucun succès, au moins n'a-t-elle pas voulu se soumettre sans résistance ; au moins l'obéissance à laquelle elle est forcée est-elle cachée sous un air d'indépendance et d'originalité. Mais pendant cette longue enfance des peuples modernes, qu'on appelle le moyen âge, la seule apparence de la liberté est regardée comme un crime ou une déviation du sens commun ; l'*Organum* devient le seul code de la pensée, depuis le moment où il commence à être connu chez ces barbares, qui avaient à peine une langue pour le traduire, jusqu'aux premiers symptômes de cette grande crise à la fois religieuse, intellectuelle et politique,

---

[1] Senec., epist. 40.

qui éclata vers la fin du quinzième siècle. L'*Organum* est une autre évangile aussi admiré dans les écoles de Philosophie que celui de Jésus-Christ dans les monastères et dans les temples. Mais ce n'est pas seulement au sein du Christianisme qu'il exerça cette domination absolue ; le Judaïsme et l'Islamisme, alors exclusivement professé par les Arabes, la subirent également et à peu près dans le même temps [1]. Elle semble avoir été une transi-

[1] La langue grecque était aussi étrangère aux Arabes qu'aux chrétiens du temps de Charlemagne, lorsque, sous le règne et sur les ordres du calife Abasside *Abdullah al Mamon*, à peu près en 819 de l'ère vulgaire, les œuvres d'Aristote furent traduites pour la première fois en syriaque par *Joannah Mesnach*, chrétien de la secte des Nestoriens ; elles furent traduites une seconde fois dans la même langue par *Honaïn* et son fils Isaac, qui professaient également les doctrines des Nestoriens et vivaient à Bagdad au commencement du dixième siècle. Après eux vinrent les traducteurs et les commentateurs arabes qui formèrent une école de Dialectique fréquemment mentionnée, par *Moses Maimonides* et les autres rabbins espagnols, sous le nom de *Medabrim*, c'est-à-dire, *les parleurs*, les dialecticiens. L'objet de leur enseignement, c'était l'*Organum*, avec l'introduction de Porphyre, auxquels ils n'ont rien ajouté qui mérite d'être connu. Les Israélites les plus éclairés de cette époque, ceux qui ne croyaient pas que l'étude de leur loi les dispensât

tion nécessaire entre ces trois grandes autorités religieuses d'une part et la réflexion indépendante de l'autre; elle a été le seul moyen de préparer leur alliance avec la Philosophie moderne. Cependant, comme elles n'ont pas toutes trois accepté cette alliance avec le même empressement ; comme elles ne l'ont pas également fécondée,

de toute autre étude, ont suivi la même route et ont traduit en hébreu les leçons de leurs maîtres arabes. Ce même *Maimonides* dont nous venons de parler a écrit un abrégé de l'*Organum*, d'une précision et d'une clarté remarquables, sous le nom de *Vocabulaire de la Logique*. מלות הגיון Il a été en 1527 traduit en latin par *Sébastien Munster*, qui l'a attribué, on ne sait pas pourquoi, au célèbre *Simon ben Jochaï*, l'auteur présumé de l'ouvrage cabalistique intitulé *Sohar*, et le disciple d'*Akiba*. C'est le premier ouvrage de Philosophie qui soit tombé entre les mains de Salomon Maimon, qui a tenté de réformer la Logique de Kant et de la concilier, dans quelques-unes de ses parties, avec celle d'Aristote. Une autre traduction hébraïque de l'*Organum*, très-répandue et plusieurs fois réimprimée, c'est celle qui est mentionnée dans la *Bibliothèque Espagnole* de Nicolas Antoine (tom. 2, *de scriptoribus arabibus*), sous le titre suivant : *Hebraïca editio universæ rei logicæ Aristotelis ex compendiis Averrois, Rivæ de Trento*, anno MDLX.

nous nous contenterons de parler de la première, c'est-à-dire que nous rapporterons seulement les destinées de l'*Organum* sous le règne de la Scholastique chrétienne.

Quand la Logique d'Aristote parut dans le monde, la Philosophie ancienne avait dit à peu près son dernier mot; elle venait de produire les deux grands hommes qui, à juste titre, la représentent tout entière aux yeux de la postérité; il ne restait plus qu'à la développer dans ses conséquences ou à l'exposer avec plus d'unité; et cette logique de formes, ce merveilleux instrument d'analyse et de déduction, était indispensable à une telle œuvre : voilà pourquoi tous les efforts de l'antiquité ont été impuissants pour créer de nouvelles règles. Plus tard, quand une société nouvelle s'éleva sur les débris de l'ancienne, et que la Philosophie fut remplacée par la théologie, cette même Logique devint encore une fois nécessaire ; car tous les problèmes qui intéressent l'humanité, toutes les grandes questions, autrefois résolues par la réflexion et par la science, le furent alors par l'autorité religieuse ; il ne fut plus permis de chercher et d'inventer, il ne restait qu'à développer et à coordonner, à exprimer sous une forme systématique tous les dogmes imposés par la foi. Aussi l'*Organum* est-il pour un instant le seul monument philosophique échappé à la submersion du vieux monde, et le moyen âge a été parfaitement conséquent avec lui-même, en accordant au païen qui lui a transmis ce précieux héritage une autorité aussi illimitée, une vénération non moins profonde qu'aux docteurs et aux pères de l'Eglise. De l'alliance de l'*Organum* avec la théologie chrétienne est née la Philosophie scolastique, qui tantôt nous présente ces deux éléments réunis, comme le fond l'est à la forme ou l'expression à la pensée, et tantôt les sépare comme deux sciences distinctes, qui doivent concourir au même but et se prêter un mutuel appui : *nec diversa tamen, qualis decet esse sororum* [1].

[1] L'enseignement de la Scolastique se divisait ordinairement en deux parties : l'une théologique (*sacra lectio*), et l'autre philosophique, qui n'était que l'explication de l'*Organum* d'Aristote ou de Boëce (*philosophica lectio*). Par exemple, Guillaume de Champeaux faisait des leçons philosophiques dans le cloître où il était professeur, et Anselme

De là, il ne faudrait pas conclure que, pendant le long règne de la Scolastique, la réflexion, la pensée indépendante n'a pas eu d'autre aliment que cette étude stérile de figures et de mots, qu'elle n'a pas osé écarter le maillot dans lequel elle était enveloppée, pour essayer de marcher toute seule et pour aborder des matières d'un intérêt plus élevé. Il était impossible, au contraire, que, dans la sphère même où elle était confinée, elle ne rencontrât pas de loin en loin quelques-unes de ces questions vitales qui avaient été agitées autrefois avec tant de passion par les plus grands génies de la Grèce, et qu'elle ne fût pas saisie de la tentation de les résoudre,

---

de Laon, ou l'Écolâtre, s'était chargé des leçons sacrées. Abélard a tenté de les réunir, et se vante de l'avoir fait avec succès : « *Scholas mihi jamdudum destinatas atque* » *oblatas, undè primò fueram expulsus, annis aliquibus* » *quietè possedi, atque ibi in ipso statim scholarum* » *initio glossas illas Ezechielis, quas Laudani ince-* » *peram, consummare studui. Quæ quidem adeò legen-* » *tibus acceptabiles fuerunt, ut me non minorem gratiam in* » *sacrâ lectione adeptum jam crediderunt quàm in philo-* » *sophicâ viderant. Undè utriusque lectionis studio scholæ* » *nostræ vehementer multiplicatæ.* etc. » (Histor. calamit.)

souvent au risque d'être écrasée par la colère toute-puissante de sa souveraine et son alliée, la théologie. C'est ainsi qu'une phrase de l'*introduction de Porphyre* à l'étude des Catégories a donné naissance à la fameuse querelle des Réalistes et des Nominalistes [1]. C'est ainsi qu'un passage sans importance du *Traité de l'Interprétation* a soulevé le problème de la liberté et de la fatalité [2]. En s'occupant de la définition et de la division, on a été conduit à l'idée de totalité, à la question de l'unité et des facultés de l'âme [3]. Enfin, la Métaphysique tout entière sortit peu à peu de la Logique et de la Dialectique, comme celles-ci étaient sorties autrefois de la Métaphysique et des vastes systèmes, des œuvres admirables enfantées par la pensée, avant qu'elle songeât à s'imposer à elle-même des règles et des conditions : mais ce mouvement si intéressant et si

---

[1] Introd. aux ouvrages inédits d'Abélard, publiés par M. Cousin.

[2] Traité de l'Interprét., ch. 9. — Œuvres inédites d'Abélard, dialect., page 288.

[3] Ib. Supr. de Def et Divis., pag. 471, 476.

varié, cette longue révolution qui fit enfin jaillir une Philosophie vivante d'une enveloppe inanimée, n'appartient pas à notre sujet ; nous n'avons pas à rechercher comment l'*Organum* a fait renaître l'esprit philosophique, ni la part qui lui revient de tous les systèmes postérieurs en général ; mais l'influence qu'il a exercée sur les destinées particulières de la Logique.

Or, quelles révolutions cette science a-t-elle pu subir, tant que l'esprit vivait encore sous la tutelle de l'autorité et de la foi, tant que les grands problèmes qui intéressent l'humanité, et qui donnent à la pensée tout son essor, ne pouvaient pas être franchement abordés par la raison ? Évidemment aucune qui mérite de faire époque dans l'histoire. Lorsque toutes les puissances d'invention que l'homme a reçues de la nature étaient vaincues et enchaînées par une autre puissance plus en harmonie avec le caractère général du temps, il fallait bien que l'énergie de la réflexion se portât tout entière sur les formes de l'exposition, qu'elle dépensât ses forces à mettre au jour ces subtilités innombrables, ces frivolités savantes qui, selon l'expression de Kant, doivent inspirer à la postérité autant d'admiration que de pitié [1]. Insensiblement ces formes, qui éveillaient l'esprit à la liberté, devaient prendre la place du fond qui ne lui rappelait que sa dépendance, malgré la grandeur et la beauté sublime dont il porte l'empreinte. Enfin, cette importance exagérée accordée à la méthode syllogistique, c'est-à-dire, à la Logique d'Aristote, ne pouvait que la conduire à sa ruine en la rendant odieuse ou ridicule. C'est ainsi qu'on décrie les plus nobles systèmes, les doctrines les plus sages, et en général les choses les plus utiles de ce monde, par l'abus qu'on en fait, en voulant leur donner une extension trop vaste, une autorité trop exclusive, qui tend au mépris de tout ce qui ne rentre pas dans leur petite sphère. Il suffit d'une rapide exposition des faits pour confirmer ce que nous venons d'avancer.

D'abord, depuis l'époque où une société nouvelle a décidément pris la place de la vieille civilisation païenne; c'est-à-dire, depuis la fin du cinquième siècle jusqu'à la naissance du douzième, les deux éléments de la Scolastique sont encore

---

[1] Kant, œuvr. div. de la fausse subtilité des 4 fig. syllogist.

isolés l'un de l'autre ; leur existence n'est pas établie sur des bases assez solides, et ils semblent se préparer seulement à l'alliance qu'ils ont contractée plus tard ; alliance qui n'est pas autre chose, comme on le sait déjà, que la Philosophie du moyen âge. En effet, tout ce temps a été nécessaire à l'Église, déchirée sans cesse par les hérésies les plus dangereuses, pour formuler tous ses dogmes et s'élever à l'unité majestueuse et sévère du Catholicisme. D'un autre côté, il n'a pas fallu moins de temps pour faire passer les doctrines de l'*Organum*, de la langue harmonieuse, précise et éminemment philosophique des Grecs, dans le jargon inculte de l'École. Marcien Capella, Boëce et Cassiodore ont commencé cette œuvre ingrate, mais indispensable à l'époque qui va s'ouvrir. Par leurs traductions, ils ont transmis assez fidèlement une partie de la Logique d'Aristote à des générations ignorantes qui n'avaient aucun moyen de s'éclairer par la science de l'antiquité ; leurs commentaires en ont conservé le reste, au moins dans le fond et dans l'esprit général, sinon dans la rigueur des formes [1] ; mais les idées qu'ils cherchèrent

---

[1] Introd. aux œuvres d'Abélard, par M. Cousin, p. 50.

à répandre étaient trop nouvelles, peut-être même étaient-elles exprimées dans un langage encore trop élevé, trop rapproché de la langue civilisée des Romains, pour être comprises sans efforts et exercer sur-le-champ toute leur puissance. Aussi, après les traductions et les commentaires viennent les gloses dont l'invention appartient toute entière au moyen âge ; explications qu'on pourrait appeler matérielles, qui ne s'arrêtent qu'à la signification des mots sans pénétrer jamais dans la pensée philosophique : œuvre plus ingrate encore, s'il est possible, mais non moins indispensable que celle qui l'a précédée. Le temps, qui ne détruit pas toujours sans discernement, ne nous en a conservé que des lambeaux, les uns sans nom d'auteur et les autres attribués au plus célèbre des disciples d'Alcuin [1]. Il est très-probable qu'Alcuin lui-même lui avait donné l'exemple.

Sur la fin du onzième siècle commence une ère nouvelle. Les deux éléments de la Scolastique, qui jusqu'à présent étaient restés étrangers l'un à l'autre, sont réunis à la suite d'une résistance

---

[1] Ibid., p. 76. Voyez l'ouvrage lui-même, p. 611-616.

inutile de la part du plus fort, et la théologie est obligée, pour se faire comprendre, de parler le langage de la Philosophie. Roscelin et Pierre Abélard furent les auteurs et les martyrs de cette révolution peu célèbre, mais qui fut le premier pas de la société chrétienne vers l'indépendance intellectuelle. En effet, ce qui a fait la réputation et les malheurs de ces deux hommes, ce n'est ni leur dialectique ni même leurs systèmes philosophiques, tout hardis, tout nouveaux qu'ils dûrent paraître dans ces temps ennemis de la nouveauté et de la hardiesse. Un système de Dialectique, Roscelin n'en a pas transmis à la postérité, et nous ne trouvons nulle part qu'il se soit occupé d'une œuvre semblable, qu'il ait eu la prétention de réformer l'*Organum* ou de lui substituer des doctrines entièrement nouvelles. La Dialectique d'Abélard, récemment découverte, au moins en grande partie, et publiée pour la première fois, ne nous offre pas non plus une œuvre originale très-bien coordonnée ; elle est composée de gloses, comme celles dont nous avons parlé tout-à-l'heure, et de commentaires tout-à-fait semblables à ceux de Boëce et sur Boëce lui-même. Ces commentaires sur d'autres commentaires ne renferment absolument rien de neuf, rien d'intéressant qui appartienne à l'histoire de la Logique [1]. Quant au nominalisme et au conceptualisme provoqués tous deux par une phrase de l'introduction de Porphyre aux Catégories d'Aristote, ils auraient passé probablement pour des gloses un peu différentes de celle qui dominait alors dans l'école; ignorés dans le monde qui dans ce temps-là ne s'occupait guère de philosophie, à peine en possession d'une petite place dans l'histoire, ils auraient tout au plus fait quelque bruit au mont Sainte-Geneviève, à Notre-Dame et à Saint-Victor, s'ils n'avaient pas cherché à pénétrer dans le sanctuaire et à s'immiscer dans les affaires de la religion. C'est donc pour avoir transporté dans la théologie les résultats et les habitudes de leurs études dialectiques, pour avoir soumis les dogmes les plus essentiels du Christianisme aux règles d'Aristote, pour les avoir mis en quelque sorte à la merci du syllogisme, que Roscelin et Abélard ont attiré

---

[1] Introd. aux œuvres inéd. d'Abélard, par M. Cousin, p. xxiv-xxiv—173-499.

sur leurs têtes des persécutions que n'ont pas connues Jean et Robert de Paris, les vrais et obscurs créateurs du système nominaliste, dont le conceptualisme n'est qu'une forme moins tranchante. Mais ces persécutions ont fondé leur renommée et assuré la petite part d'indépendance que l'un et l'autre ils ont conquise au profit de la raison. En effet, après eux l'enseignement théologique rentra sans doute dans les voies de la plus sévère orthodoxie, mais il conserva le langage et toutes les formes de la démonstration et de la science. Si la raison y gagna, la foi n'y perdit pas, car c'était le temps des Pierre Lombard et des Thomas d'Aquin, dont le dernier a pris place parmi les saints. C'était le temps où la Scolastique était arrivée au comble de sa puissance et de sa gloire : jamais l'église n'avait été si forte ; jamais la Logique d'Aristote n'avait joué un rôle plus brillant, même dans les jours les plus heureux de la Philosophie antique.

Aveuglée par tant de succès et d'honneurs, cette esclave païenne, cette autre Agar, comme on l'appelle souvent, ne se contente pas de marcher l'égale de la femme de son maître ; elle essaie même de la supplanter, ou tout au moins de se passer d'elle. Sans chercher à sortir de la forme extérieure de la pensée, sans reculer les limites dans lesquelles Aristote a renfermé la Logique, on accorde à cette science une puissance merveilleuse ; on s'imagine que, par la combinaison de certains termes, à l'aide d'un petit nombre de figures, on parviendra non seulement à exprimer la vérité, mais à la trouver, à l'obliger de répondre à toutes les questions possibles, à l'évoquer, en un mot, par tous ces moyens artificiels que l'on pourrait comparer avec assez de raison à ces paroles dénuées de sens et à ces dessins magiques avec lesquels on croyait autrefois avoir la puissance d'évoquer les esprits. C'est alors que la pédanterie est à son comble, enveloppée dans un nuage de poussière qui cache la vérité et qui étouffe, dès sa naissance, tout amour sérieux de l'étude ; c'est alors sans doute qu'on élabore ces règles sans nombre et ces formules barbares arrivées jusqu'à nous sans nom d'auteur. Ce ne sont plus des traductions, des commentaires, des applications plus ou moins heureuses, mais c'est la caricature de l'*Organum*. Le résultat le plus complet, l'expression la plus fidèle de cette époque est sans contredit le *grand art* de Raymond Lulle (*ars magna*), dont lui-même a fait un résumé fidèle intitulé *Ars brevis*[1]. Nous allons essayer de donner une idée de cet ouvrage.

Dans le fond, il n'est pas autre chose que les Topiques d'Aristote ; mais les Topiques pris au sérieux, considérés, non plus comme un répertoire des arguments stériles qu'on peut employer

---

[1] Le premier est analysé avec beaucoup d'exactitude par Gassendi, dans son *Histoire de la Logique*, tome 1 de ses œuvres complètes, éd. in-4°. Le second a été traduit en français, en 1632, par un *sieur de Vassy*, conseiller du roy ès baillage et prevosté d'Avallon, en Bourgogne, sous le titre suivant : *Le fondement de l'artifice universel de l'illuminé docteur Raimond Lulle*, in-18. Il est précédé d'un autre ouvrage du même auteur, d'un petit traité de la Logique ordinaire, ou plutôt une espèce de vocabolaire de tous les termes employés dans l'*Organum* d'Aristote, parfaitement semblable à celui de Maimonides ; il est simplement intitulé : *Logica*. Ces trois ouvrages sont les seuls que Raymond ait écrits sur le sujet dont nous nous sommes occupés.

quand on veut faire de la science à bon marché et discuter sans rien connaître, mais comme une Logique complète, efficace, qui doit nous donner la solution de tous les problèmes imaginables, à la seule condition que nous entendrons les termes dans lesquels ils seront énoncés. Ce but général est nettement exposé dans les paroles suivantes qui servent d'introduction : « *Subjectum hujus artis est respondere do om-* « *nibus quæstionibus, supposito quod sciatur* « *quod dicitur per nomen.* » Ce n'est pas moins, comme on voit, que l'art de tout savoir sans rien apprendre.

En laissant de côté les détails inutiles, une division générale très-arbitraire et surtout la description des figures géométriques qui prennent ici la place des figures syllogistiques, voici en quelques mots comment l'auteur prétend réaliser ses promesses. Il commence par diviser en plusieurs grandes classes tous les termes dont on peut faire usage dans la discussion, tous les matériaux qui doivent entrer, non pas seulement dans la forme extérieure de la réflexion, dans le langage de la science, mais dans la science elle-même. Ce sont d'abord les *questions*, dont les solutions, quelles qu'elles soient, se composent nécessairement d'*attributs*, de *sujets* et de *rapports*. Il n'existe aucun terme dans la langue, aucune idée dans la pensée qui n'admette l'une ou l'autre de ces quatre dénominations. Cependant les vices et les vertus forment, on ne sait pourquoi, deux classes séparées.

Après cette énumération générale, l'auteur examine chaque classe en particulier et fait la liste des éléments qu'elle renferme. Tous les termes qui figurent sur cette liste ne peuvent pas dépasser le nombre neuf et sont désignés par les premières lettres de l'alphabet. Il n'y a donc que neuf attributs absolus, neuf qualités premières (*prædicata absoluta*) qui sont la bonté, la grandeur, la durée, la puissance, la sagesse, la volonté, la vertu, la vérité et la gloire [1]. Il

---

[1] Ces qualités nous rappellent les fameuses *Sephiroth* de la *Cabale* qui ne sont également que neuf, lorsqu'on en a retranché l'*Ensoph*, c'est-à-dire, l'infini, Dieu lui-même qui en est le sujet. Les voici : la grandeur ou la couronne, la sagesse ou la vérité, l'intelligence, la bonté, la force, la gloire, l'éternité ou la durée, la vérité (ou la réalité) et la

n'y a que neuf rapports ou relatifs absoluts (*relativa absoluta*), savoir : la différence, la concordance, la contrariété, le commencement, le milieu, la fin, la supériorité, l'égalité, l'infériorité. Il y a autant de questions, autant de sujets, autant de vices et autant de vertus, ni plus ni moins ; mais on me dispensera sans doute de les nommer. La manière dont on définit ces différentes idées n'est pas moins curieuse que celle de les classer. Ainsi, *la bonté, c'est l'être en vertu duquel ce qui est bon fait le bien;* par conséquent, le mal, qui est l'opposé du bien, n'est pas un être ou n'existe pas. La grandeur, c'est ce qui fait que tous les autres attributs peuvent être grands. Je m'en tiens à ces deux exemples.

Au moyen de certaines figures géométriques et des lettres qui prennent la place des mots,

---

puissance (ou la royauté). Cette ressemblance peut confirmer jusqu'à un certain point l'opinion de plusieurs savants, que la Cabale ne date que du dixième ou du onzième siècle, et qu'elle a subi, comme toutes les productions intellectuelles de cette époque, l'influence de la Logique d'Aristote. Voy. la vie de Sal. Maimon écrite par lui-même, all. 2 volumes in-12.

on expose dans un très-petit espace, on rend sensibles à l'œil toutes les combinaisons possibles entre ces divers éléments de la science et l'on croit offrir par-là une solution à tous les problèmes imaginables. Les figures dont nous venons de parler sont au nombre de quatre : la première doit indiquer tous les rapports de sujets à attributs, entre substantifs et adjectifs ; la seconde tous les rapports qui existent entre les sujets eux-mêmes ; la troisième, tous les attributs secondaires produits par la comparaison ou la combinaison des attributs absolus. Dans la dernière, on a réuni à la fois des sujets, les attributs et les rapports, de manière à former diverses combinaisons dont chacune renferme les trois termes d'un syllogisme ou d'une proposition. Ainsi, étant donné un sujet, par exemple Dieu, les anges, l'âme humaine, si l'on veut connaître sur-le-champ, sans le secours de l'observation et du raisonnement, quelles en sont les qualités ; et réciproquement étant donné une qualité, un attribut, si l'on veut savoir à quel sujet il appartient, on n'a qu'à jeter les yeux sur la première figure où ces divers éléments se correspondent par des lignes,

C'est absolument de la même manière qu'on pourra se servir des trois autres. Ces quatre figures sont ensuite réunies et confondues dans une seule appelée *tabula*, parce qu'elle est en effet comme une table de Pythagore où toutes les solutions et toutes les questions sont mises en parallèle et rapprochées les unes des autres.

Enfin, pour démontrer à la fois l'efficacité de ces moyens et leur universalité, on essaie de les appliquer à toutes sortes de sujets, à toutes les branches de connaissances que l'on cultivait alors. On choisit donc au hasard dans le cercle de la théologie, de la métaphysique, de la physique, de la mécanique, de l'astronomie et dans toutes les autres sciences, même les mathématiques, un certain nombre de questions dont on croit trouver la solution à l'aide de ces artifices mécaniques. Toutes ces questions réunies sont appelées les *cent formes* (*applicatio ad centum formas*).

En résumé, *l'art* de Raymond Lulle n'embrasse dans sa totalité que ces quatre parties : 1° il partage en un très-petit nombre de classes générales les matériaux avec lesquels il prétend qu'on peut construire toutes les sciences ; 2° il fait l'énumération, il donne la liste assurée, exacte des éléments que renferme chacune de ces classes considérée à part ; 3° à l'aide de certaines figures géométriques, de certains procédés synoptiques, il met sous les yeux les rapports et les combinaisons qui peuvent exister raisonnablement entre tous ces éléments, de telle sorte qu'il n'y a qu'à choisir et la question qu'on veut résoudre et la solution qu'on veut lui donner ; 4° il fait l'application de tous les procédés de cette méthode à un grand nombre de questions appartenant à toutes les sciences.

Si l'on compare cette Logique artificielle, presque traduite tout entière en chiffres et en lignes, à l'état actuel de la science, aux habitudes dans lesquelles nous avons été élevés, nous autres enfants du dix-neuvième siècle, il est évident qu'on la trouvera puérile, ridicule, absurde et stérile. Nous croirons à peine qu'elle ait été proposée sérieusement par un homme sensé. Cependant elle a eu, tout aussi bien que les systèmes les plus renommés de l'antiquité, ses nombreux et zélés partisans, désignés sous le nom de *Lullistes*. Or, ce qui a long-temps excité l'admiration des hommes les plus éclairés d'une époque qui est déjà loin de la barbarie, doit avoir quelquetitre à notre estime et à notre reconnaissance. Eh bien, je dis que la Logique de Raymond Lulle a utilement servi l'esprit humain ; qu'elle est un véritable progrès vers l'affranchissement de la pensée ; que si elle ne l'a pas réalisée, elle a du moins fait naître l'idée d'une indépendance complète en matière de Philosophie ; elle forme, en un mot, l'anneau intermédiaire entre la Scolastique pure et la méthode expérimentale des philosophes modernes. En effet, la Scolastique, pour développer les dogmes qui lui étaient imposés par la foi, n'avait besoin, comme nous l'avons déjà dit, que d'une méthode d'exposition, que d'un instrument d'analyse, et le syllogisme la servait admirablement dans l'accomplissement de cette mission qu'elle avait acceptée par goût aussi bien que par nécessité. Mais du moment où l'on propose une méthode d'invention, du moment où l'on croit résoudre tous les genres de problèmes par des moyens purement humains, quels que soient les défauts de cette méthode, ne fût-elle composée que de procédés mécaniques aussi puérils que ceux du *docteur illuminé*, on fait entendre qu'on peut se passer de l'autorité, non pas sans doute d'une manière absolue, mais au moins dans ce sens que la Philosophie n'a pas besoin pour exister de se mettre au service de la théologie, qu'elle peut vivre pour son propre compte, qu'elle se suffit à elle-même et forme une puissance entièrement indépendante. Le véritable auteur de ce progrès intellectuel, c'est Aristote dont les Topiques, comme nous l'avons déjà fait remarquer, ont servi de modèle au *grand art* de Raymond Lulle. Mais en classant tous les arguments, tous les matériaux qui sont d'un usage général dans la science; en classant de la même façon toutes les questions dans lesquelles ils pourraient servir, le philosophe grec dit positivement que cela ne peut pas nous instruire, que ce n'est qu'un moyen de briller à peu de frais dans une discussion et de ne pas rester court, si l'on veut faire parade d'une science que l'on n'a pas [1]. Malgré

---

[1] Voy. le texte, ch. 1, liv. 1.

un avertissement si modeste et si sage, le besoin de liberté d'une part, et de l'autre la faiblesse, la timidité de l'intelligence qui n'avait encore pu grandir que sous ce maillot, ont fait prendre cette méthode au sérieux et l'ont poussée à ses dernières conséquences. C'est donc Aristote qui, par une moitié de son *Organum*, par tous les traités qui renferment sa méthode d'exposition, a conservé pendant le moyen âge l'esprit philosophique sous la protection même de l'autorité la plus jalouse, et qui, par l'autre moitié, par les Topiques, aujourd'hui si décriés que les rhéteurs eux-mêmes n'en veulent plus, l'a rappelé à l'indépendance, aussitôt que, dans le sein de sa formidable tutrice, il eut repris un peu de vie et de chaleur. Le livre qui a produit de tels résultats pourrait être encore long-temps un objet de recherches très-utiles à la science ; faut-il s'étonner qu'il ait provoqué ce déluge d'imitations et de commentaires dont nous avons parlé, qu'il ait inspiré un respect si universel long-temps après qu'il eut accompli sa mission, enfin qu'il ait été commenté ou plutôt *symbolisé*, si l'on me permet cette expression, par Jordano

Bruno lui-même, un homme qui, à la fin du seizième siècle, ce temps de liberté et d'indépendance intellectuels, s'est fait brûler pour la hardiesse de ses opinions [1].

[1] Jordano Bruno a écrit sur la Logique deux petits traités, dont l'un a pour titre : *De progressu logicæ venationis*, et l'autre : *De lampade venatoriâ logicorum*. Ils sont tous deux imprimés à la suite des œuvres de Raymond Lulle et de Cornélius Agrippa, Strasbourg, 1609, in-8°; comme ils sont assez peu connus, je pense qu'on me permettra d'en donner une idée très-sommaire dans cette note.

Le premier, malgré la bizarrerie des termes qu'il emploie et les figures géométriques à l'aide desquelles on y représente toutes les figures syllogistiques, n'est qu'un résumé assez fidèle de la Logique d'Aristote.

Le second est une espèce de Logique symbolique, où tout est revêtu du voile de l'allégorie, comme tout ce qui est de la même plume. Le philosophe y est comparé à un chasseur qui va à la chasse de la vérité, et la Logique, c'est la lampe qui introduit la lumière dans les sombres retraites, dans l'épaisse et immense forêt où se cache le gibier. Les quatre premiers chapitres sont la partie la plus intéressante de l'ouvrage et suffiront pour nous donner une idée du reste.

Le premier, intitulé *Campus*, nous représente la vérité, en général, comme une vaste étendue de pays, coupée par des forêts et des retraites obscures, dans lesquelles il faut essayer de faire pénétrer le jour et savoir se tracer un

APRÈS ARISTOTE.

Cependant, à mesure que l'autorité ecclésiastique déclinait, à mesure que le mouvement intellectuel, qui prit naissance avec le quinzième siècle, se communiquait sourdement à toutes les

chemin, avant de s'y engager. Tel est, selon Bruno, le vrai sens du mot *Topiques*.

Le deuxième chapitre a pour inscription : *De turri in campi medio*, parce que toutes les opérations de l'intelligence, toutes les découvertes que l'on peut faire et qu'on fait réellement, se rapportent à un fait, *subjectum* (nous dirions aujourd'hui à un objet), qui ressemble à une tour élevée dans cette plaine dont nous avons parlé tout-à-l'heure, à un point culminant auquel viennent aboutir toutes les démarches du chasseur de la vérité, où il va chercher d'ordinaire et ses armes et ses vivres. Le vrai sujet d'une science, c'est l'espèce, autour de laquelle viennent se grouper le genre, la définition, les accidents et les qualités propres.

Le troisième, *Venator*, énumère les différentes classes d'hommes qui parcourent en chasseurs le champ de la vérité : ce sont les théologiens, les métaphysiciens, les physiciens, les moralistes, les dialecticiens, et jusqu'aux poètes qui y cherchent les moyens de plaire et de toucher.

Dans le quatrième, sous le nom de *Canes*, on parle des arguments qui font l'office de chiens dans cette chasse symbolique. L'argument inductif et l'exemple ressemblent à des chiens courants, bons pour lever le gibier, mais sommités sociales, Aristote aussi perdait de son influence et de sa réputation d'infaillibilité. Il avait été pour les générations du moyen âge et pour l'humanité en général un trop bon précepteur, pour qu'elles n'apprissent pas de lui-même à se passer de lui. Ce fut surtout à sa Logique qu'on s'attaqua de toute part, parce qu'elle était en effet moins nécessaire pendant cette période remarquable qui ne semblait exister que par *l'esprit d'invention*, et qui, à juste titre, nous étonne encore aujourd'hui par tant de merveilleuses découvertes dont elle a doté le monde. Le signal fut donné par l'italien Valla [1],

incapables de le retenir et de le mettre en pièces. Le syllogisme est comparé à un chien d'arrêt, à un dogue plus fort que léger, qui arrête et détruit, mais ne poursuit pas.

Sous les noms de *retia*, *specula* et *hasta*, on énumère les lieux communs qui nous fournissent les matériaux du syllogisme, comme les ressemblances et les différences. Puis on examine en particulier les lieux qui se rapportent au genre, à l'espèce, aux qualités propres et accidentelles, mais exclusivement sous le point de vue logique, sans toucher à la grande question des *universaux*, que Jordano a résolue dans ses autres ouvrages en faveur du réalisme.

[1] Né à Rome en 1408, mort en 1457.

qui, non content de tourner en dérision les formules de l'école portées à leur plus haut point de barbarie par Raymond Lulle, osa lever la main contre les tables de la loi, contre l'*Organum* lui-même dans les doctrines les plus essentielles qu'il renferme ; ce qui était inouï jusqu'alors. Ainsi, il rejeta d'abord les Catégories, ce décalogue d'Aristote, peut-être plus connu et plus respecté dans ces temps-là que celui du vieux testament (au lieu de dix il n'en reconnut que trois : la substance, la qualité et l'action). Il répudia la troisième figure du syllogisme, ainsi que Kant l'a fait plus tard [1]. Il s'indigna surtout contre les subtilités et les règles inutiles dont on avait hérissé la Dialectique qui devrait être, selon lui, le plus simple, le plus facile de tous les arts. Louis Vivès [2] marcha sur ses traces et fit entendre les mêmes reproches de barbarie et d'impuissance contre la Dialectique de son époque. Il la comparait avec fort peu d'élégance à un égout, à la sentine d'un navire où s'étaient accumulées

---

[1] Voy. de la fausse subtilité des quatre fig. syllogistiq.
[2] Né à Valence, florissait de 1492 à 1540.

toutes les immondices de plusieurs siècles d'ignorance[1]. Puis viennent les auteurs de la Réforme, Luther et Mélanchton, qui n'ont ni assez d'amertume ni assez d'invectives contre la méthode scholastique, tant qu'ils ne pensent qu'à renverser le pouvoir pontifical, et qui ne trouvent rien de mieux à faire que de la remettre en honneur, que de répandre dans le monde des traductions, des abrégés et des commentaires de l'*Organum*, dès qu'ils songent à fonder l'église nouvelle. Mais le mal était fait, et tous leurs efforts ne purent y porter remède ; des hommes de toutes les nations et de toutes les croyances, comme ils s'étaient entendus autrefois pour reconnaître son autorité, s'accordaient maintenant pour insulter à leur vieux maître, pour lui arracher le sceptre de l'école dont il était en possession depuis tant de siècles, et prononcer à jamais sa déchéance. Le plus ardent, le plus infatigable, je dirai même le plus fanatique de tous les détracteurs d'Aristote (car il existe un fanatisme pour détruire, comme il y en a un pour fonder), en un mot, le héros

---

[1] De corrupt. art. causis, Gassendi, hist. logic.

et le martyr de cette révolution, ce fut notre malheureux Ramus que ses opinions mirent aux prises avec les trois grandes puissances de l'époque : avec l'Université dont il faisait partie et qui représente la puissance intellectuelle ; avec la Sorbonne qui représente la puissance morale ou religieuse ; enfin avec le pouvoir royal qui se crut obligé d'intervenir dans cette question de Logique, ce qui est sans exemple dans l'histoire [1]. Le philosophe picard, après une lutte courageuse, finit par payer de sa vie son amour de l'indépendance et de la nouveauté. Mais tous ces hommes si habiles, si zélés pour

---

[1] En 1543 fut publiée une ordonnance royale revêtue de la signature de François I*er*, qui défendait la lecture et ordonnait la suppression des ouvrages de Ramus contre la logique d'Aristote (*animadversiones aristotelicæ et institutiones dialecticæ*), sur la déclaration de trois théologiens et professeurs de l'Université : « Lesquels, dit cette ordon-
» nance, après avoir le tout veu et considéré, eussent esté
» d'avis que ledit Ramus avait esté téméraire, arrogant et
» impudent d'avoir réprouvé et condamné le train et art de
» Logique, receu de toutes les nations, que lui-mesme
» ignorait, et que, parce qu'en son livre des animadver-
» sions, il reprenait Aristote, estait évidemment cogneu et

détruire, se trouvaient sans force et sans talent pour édifier. Aussitôt qu'ils essayaient de formuler des idées nouvelles, leurs vieux souvenirs se rassemblaient spontanément dans leur mémoire, et, sans avoir conscience de ce qu'ils faisaient, ils répétaient avec des expressions différentes toutes les théories, toutes les règles, tout ce qu'ils nommaient eux-mêmes les subtilités de l'école. La Logique de Ramus, malgré le bruit qu'elle a fait, malgré les haines atroces et l'enthousiasme qu'elle a excitées, n'est elle-même, dans le fond, que la Logique d'Aristote revêtue d'une autre forme, dans laquelle la plus

» manifeste son ignorance : voire, qu'il avait mauvaise vo-
» lonté de tant qu'il blasphémait plusieurs choses qui sont
» bonnes et véritables, et mettait sus à Aristote plusieurs
» choses à quoy il ne pensa onques. Et, en somme, ne
» contenait son dit livre des animadversions que tous men-
» songes et une manière de médire tellement qu'il semblait
» estre le grand bien et profit des lettres et sciences que le dit
» livre fust du tout supprimé. » Le reste de l'ordonnance n'est pas moins curieux, mais elle est trop longue à rapporter tout entière. Voy. Launoy, *de variâ Aristot. fortunâ.* — OEuvres de Charpentier (*Carpentarius*), l'ennemi le plus acharné du pauvre La Ramée.

grande place est réservée aux Topiques, que je nommerais volontiers la partie libérale de l'*Organum*. Pour amener l'affranchissement complet de la pensée, pour formuler la véritable méthode d'invention ou les règles de l'observation et de l'expérience, il ne fallait ni des professeurs dont la vie tout entière se passe ordinairement à exposer et à développer les doctrines des autres, ni des prêtres qui ne sont que les organes d'une autorité infaillible à leurs yeux, mais des hommes qui, par leur position, ne fussent pas obligés de prêter serment à une doctrine déterminée et de rester dans les termes sacramentels d'un *credo* ; des hommes qui eussent passé quelque temps de leur existence dans le mouvement de la vie positive ; en un mot, des hommes du monde. Aussi la Providence, qui conduit la marche de nos idées comme celle des événements extérieurs, n'a-t-elle pu mieux choisir pour cette mission qu'un homme d'affaires et un soldat.

II.

MÉTHODE EXPÉRIMENTALE.

Bacon et Descartes ne peuvent pas être séparés dans l'histoire, comme ils le furent matériellement dans le temps et dans l'espace. Dieu les avait créés dans le même dessein, et, tout étrangers qu'ils étaient l'un à l'autre, ils ont consacré leur vie à la même idée; ils ont exprimé la même pensée sous la forme la plus en harmonie avec leur puissante individualité et le génie de la nation dont ils faisaient partie. La grande révolution, qui amena la fin du moyen âge et l'affranchissement définitif de la Philosophie, s'est accomplie sans eux; mais ils ont apporté les lois dont l'intelligence avait besoin dans sa nouvelle condition ; ils ont, si je puis m'exprimer ainsi, organisé la liberté, après avoir laissé à d'autres le soin de la conquérir au prix des plus sanglants sacrifices. C'est donc avec raison qu'on les regarde l'un et l'autre comme les pères de la Philosophie moderne. Sans franchir un instant les limites de notre sujet, nous allons d'abord comparer entre eux ces deux hommes de génie, afin de montrer que leur méthode est réellement la même, malgré la diversité des applications et des formes ; puis nous chercherons à savoir si elle n'a conservé aucune trace de l'influence d'Aristote et de l'ancienne Logique de l'école, que l'on traite aujourd'hui avec tant de mépris et d'ingratitude.

Ils reconnaissent tous deux la nécessité d'une méthode d'invention ou d'un art qui nous apprenne, non pas seulement à exposer la vérité, telle que nos semblables nous l'ont enseignée, mais à la trouver par nous-mêmes, par l'exercice de notre intelligence et de nos sens. Voilà pourquoi un voile est tiré sur tout ce qui s'est fait jusqu'alors au nom de la Philosophie et des sciences ; voilà pourquoi, si l'on veut les croire, on fermera les écoles et les livres, et l'humanité recommencera comme eux sa vie intellectuelle [1]. Il ne faut donc pas s'étonner s'ils expriment tant d'aversion pour le syllogisme, cet instrument servile de l'autorité, et pour Aristote lui-même qui en est l'inventeur. « La Logique actuelle, dit Bacon, est tout-à-fait inutile aux progrès des sciences ; elle est tout au plus bonne pour exercer l'esprit [2]. » Descartes dit à peu près la même chose en termes différents : « Elle ne peut pas selon lui nous donner la connaissance de la vérité ; car, avant de construire un syllogisme, il faut en trouver les matériaux, il faut déjà posséder la vérité qu'on veut démontrer.... Aussi ne devrait-elle pas appartenir à la Philosophie, mais à la Rhétorique [3]. » Il y a cependant une différence

---

[1] *In moribus et institutis scholarum, academiarum, collegiorum et similium conventuum, quæ doctorum hominum sedibus et eruditionis culturæ destinata sunt, omnia progressui scientiarum adversa inveniuntur*, etc. (*aph.* 90, *nov. organum*).

[2] *Logica quæ nunc habetur inutilis est ad inventionem scientarum... mentis quædam athletica censeri potest* (*ib.*, *aph.* 11).

[3] *Regula ad directionem ingenii*, § 65 : *ex philosophiâ ad rhetoricam esse transferendam* (*ib*).

assez marquée entre le philosophe anglais et le philosophe français. Le premier ne connaît pas de modération dans son humeur révolutionnaire ; il n'a ni respect, ni générosité, ni justice pour les vieilles puissances intellectuelles. Aristote, comme les philosophes les plus renommés de la Grèce, comme le divin Platon lui-même, n'est à ses yeux qu'un vil sophiste aussi peu digne de notre estime que ceux qui exerçaient cette profession sur les places publiques d'Athènes. Il le donne même pour un modèle dans ce genre ; il l'accuse d'avoir égaré l'esprit humain par ses subtilités, d'avoir corrompu les sciences naturelles, en altérant les faits pour les plier à son système, et en voulant créer le monde avec ses Catégories [1]. Descartes n'est pas au fond moins hostile à l'antiquité, et c'est à peine s'il a daigné ep-

---

[1] *Nomen illud sophistarum quod, per contemptum, ab iis qui se philosophos haberi voluerunt, in antiquos rhetores rejectum et traductum est, Gorgiam, Protagoram, Hippiam, Polum, etiam universo generi competit, Platoni, Aristoteli, Zenoni et eorum successoribus* (liv. 1, aph. 90, nov. organ.)... *Hujus generis exemplum in Aristotele maximè conspicuum est qui philosophiam naturalem dialecticâ suâ corrupit* (ib., aph. 63).

prendre connaissance ; mais il est plus libéral à son égard, il a la conscience de sa force et de sa mission, et, tout en exilant l'ancienne Dialectique du domaine de la Philosophie, tout en déclarant l'insuffisance du Syllogisme, il le traite avec plus de courtoisie que son prédécesseur ; quelquefois il lui rend justice entière en le laissant à la place que lui assigna d'abord l'auteur même de l'*Organum*. « Nous arrivons, dit-il,
» par deux voies différentes à la connaissance des
» choses, par l'expérience et la déduction ; mais
» il faut remarquer que l'expérience est souvent
» trompeuse, tandis que la déduction, quand
» même elle pourrait quelquefois nous paraître
» inutile, a du moins cet avantage de ne pas
» exposer au moindre danger l'esprit même le
» moins intelligent [1]. » Il va encore plus loin, il

---

[1] *Notandum est nos duplici viâ ad cognitionem rerum devenire, per experientiam scilicet vel deductionem. Notandum est insuper experientias rerum sæpe esse fallaces, deductionem verò sive illationem puram unius ab altero posse quidem omitti, sed nunquàm malè fieri ab intellectu vel minimùm rationali*, etc. (*Regul. ad direct. ingen.*, § 6). — Aristote ne dit pas autre chose dans ses dernières Analyt., liv. 1, ch. 13 et 14.

reconnaît que la géométrie, l'arithmétique et les sciences mathématiques en général sont bien plus certaines que les sciences physiques, parce qu'elles se démontrent par voie de déduction [1]. La différence que nous venons de signaler dans la manière dont ces deux grands hommes ont traité la Logique d'Aristote, nous permet de prévoir dès à présent lequel des deux a le mieux compris les besoins de son siècle, lequel a le mieux formulé la méthode nouvelle et les règles les plus propres à favoriser l'indépendance de la réflexion dans le champ tout entier de la vérité et de la science. Assurément ce n'est pas celui qui s'est montré le plus injuste envers le passé.

Dans cette méthode, si admirée d'abord, qui déjà essuie les mêmes traitements que celle qui l'a précédée, on distingue généralement deux sortes de moyens : les uns, qu'on pourrait appeler *négatifs*, ont pour but de nous délivrer des erreurs de toute espèce qui ont leur source dans nos imperfections naturelles ou dans nos relations avec nos semblables ; ils peuvent se ramener à un seul, qui est le *doute métho-*

---

[1] *Nov. organ.*, lib. 1, aphor. 68.

dique, ou cet acte par lequel on s'abstient de prononcer sur les choses qu'on n'a pas vérifiées par soi-même. Les autres sont les moyens positifs, dont l'usage doit nous mettre en possession, ou nous conduire à la découverte de la vérité; ils composent dans leur ensemble ce qu'on appelle *l'observation*.

On attribue communément à Descartes la première idée du doute méthodique, d'où vient qu'on l'appelle aussi, de son nom, le doute cartésien. C'est une erreur, une injustice que l'on fait à Bacon; car, lui aussi, il recommande avec instance à ceux qui cherchent et qui aiment sérieusement la vérité, de faire de leur esprit comme une table rase, de se délivrer d'abord de toutes les opinions qu'ils ont admises par instinct ou sur la foi des autres hommes. Après avoir fait la description de toutes les erreurs dans lesquelles nous pouvons tomber, de toutes les *idoles* ou *fantômes* qui assiégent notre esprit et lui dérobent la connaissance du monde réel, il ajoute, dans son langage métaphorique, que le royaume de l'homme, qui est fondé sur la science, est semblable à celui des cieux, où l'on ne peut entrer qu'avec l'innocence d'un nouveau-

né : *Ut non alius ferè sit aditus ad regnum hominis, quod fundatur in scientiis, quàm ad regnum cœlorum, in quod, nisi sub personâ infantis intrare non datur.* Il se sert aussi d'une comparaison fréquemment mise en usage par Descartes : « Avant de construire un édifice, il
» faut que le terrain, destiné à le recevoir,
» soit entièrement libre.... Enfin, si vous vou-
» lez, dit-il encore, écrire sur des tablettes qui
» ne sont plus neuves, il faut d'abord que vous
» effaciez tous les caractères qu'on y a déjà tra-
» cés[1]. » Mais encore sur ce point, il existe entre nos deux philosophes une très-grande différence. En effet, Bacon reconnaît bien un certain nombre d'erreurs qui ont leurs racines dans la nature humaine : ce sont celles qu'il a nommées les *idoles de la tribu*[2] ; et cependant, il ne dit nulle part qu'il faut se défier de notre nature, qui ne peut signifier autre chose que l'ensemble de nos facultés ; son doute provisoire,

---

[1] *Area purganda antequàm inœdificanda.... in tabellis non alia inscripseris nisi priora deleveris* (ib. redargutio pholos., Descartes, Discours de la Méthode, prem. médit).

[2] Idola tribus *sunt fundata in ipsâ naturâ humanâ atque in ipsâ tribu seu gente hominum* (lib. première aphor. 41):

cette espèce de purification intellectuelle qu'il prescrit à ceux qui veulent s'approcher de la vérité, ne s'étend pas au-delà des faits et des jugements. Descartes, en exprimant la même idée, l'élève à une hauteur, il en fait l'application avec une audace qui permet à peine de la reconnaître. Non content de renoncer à toutes les opinions acquises, il essaie de s'affranchir des croyances naturelles et des principes les plus évidents ; il essaie de mettre à l'épreuve la raison elle-même, non pas sans doute comme Kant l'a fait plus tard, dans le dessein d'en faire la critique, d'en examiner la composition, la portée et la valeur; mais pour savoir si nous sommes forcés de croire à son témoignage, et quelles sont les qualités qui nous mettent dans cette nécessité. Aux yeux de Descartes une croyance nécessaire est donc toujours vraie : tel est le principe logique par lequel il se laisse gouverner à son insu et qui n'a pas été, qui ne pouvait pas être compris dans son doute méthodique ; autrement il se fût enseveli dans un scepticisme sans remède. Aux yeux de Kant, au contraire, une croyance nécessaire, absolue, la plus absolue et la plus nécessaire dont nous puissions avoir conscience, n'est encore qu'une forme ou une fonction de la pensée à laquelle ne correspond aucune réalité, pas même celle d'un être pensant. Mais laissons la Logique transcendentale, dont le tour arrivera bientôt, et revenons à celle de l'expérience.

Par cela même que Descartes, ou par la supériorité de son génie, ou en sa qualité de géomètre, a rendu plus de justice au syllogisme, il a aussi mieux compris toute la portée de l'observation; il lui a laissé une liberté sans limites en l'affranchissant de ces règles de détail qui ne conviennent pas à toutes les sciences ; il l'a élevée à la dignité d'une méthode universelle et vraiment philosophique, en lui désignant avec précision son point de départ, en démontrant la nécessité de l'appliquer d'abord aux phénomènes de conscience. Il ne suffit pas en effet de recueillir avec ordre les faits qui appartiennent à une science déterminée ; cette méthode, si elle est vraie, doit convenir à tous les faits considérés dans leur totalité; il faut que les sciences elles-mêmes forment entre elles comme une vaste chaîne dont le premier anneau soutient tous les autres. Or, tel est précisément le rapport qui existe entre les sciences psycologiques et les sciences naturelles. Il est vrai qu'une fois entré dans la conscience et dans le monde intellectuel en général, Descartes y établit sa demeure, ne connaissant pas de chemin pour en sortir; mais c'est la faute du philosophe, et non pas celle de la méthode, qui convient également à tous les phénomènes. C'est pour ne l'avoir pas assez pratiquée qu'il est tombé dans cet excès, et que le germe du panthéisme a pénétré dans sa pensée et dans ses écrits. Bacon ne se doute pas même que l'observation puisse descendre à cette profondeur et nous révéler le secret de notre constitution intellectuelle; il en fait une méthode particulière uniquement applicable aux phénomènes du monde extérieur, et ces objets eux-mêmes il les admet avec une sérénité insouciante dont la conscience aussi bien que le motif lui échappent entièrement. Une seule fois il nous assure, sans essayer pourtant de le démontrer, que la nouvelle Logique dont il est l'auteur, que la méthode inductive n'est pas seulement faite pour les sciences naturelles, qu'elle convient également à la morale, à la politique, et à toutes les sciences en général, aussi bien que le syllogisme qu'elle doit détrôner un jour [1]. Mais cette promesse évidemment sincère, cette intention élevée, que l'auteur a pu concevoir avant d'exposer ses propres idées, ne tient pas long-temps contre la direction de son esprit et les conséquences qui résultent de son défaut de profondeur. Une fois sorti de l'introduction qui embrasse tout le premier livre du *novum Organum*, et qui naturellement devait être consacrée à des généralités, à peine a-t-on pénétré dans le fond du sujet, qu'on ne trouve plus rien qui nous rappelle le monde moral, rien qui ressemble à ce qu'on entend de nos jours par Philosophie. A part l'induction, dont Bacon a compris, dont il a même exagéré la valeur et l'importance, on y chercherait en vain une seule règle qui pût réellement servir à l'observation de

---

[1] *Etiam dubitabit quispiam potiùs quàm objiciet : utrùm nos de naturali tantùm philosophiâ, an etiam de scientiis reliquis, logicis, et ethicis, politicis, secundùm viam nostram perficiendis, loquamur. At nos certè de universis, hæc quæ dicta sunt, intelligimus : atque quemadmodùm vulgaris logica, quæ regit res per syllogismum, non tantùm ad naturales, sed ad omnes scientias pertinet ; ita et nostra, quæ procedit per inductionem, omnia complectitur* (lib. 1, aph. 127).

la conscience. Le but des recherches scientifiques, tel qu'on est forcé de le concevoir après la lecture de cet ouvrage, c'est, pour la pratique, la transformation des corps, ou l'art de les modifier suivant nos besoins (*transformatio corporum*); c'est, dans la spéculation, la connaissance de leur structure et de leur mécanisme intérieurs (*schematismus latens*, *latens processus*). On ne dit pas positivement que la science ne puisse pas avoir un but différent; mais au moins ne fait-on mention que de celui-là. Tous les faits qu'on signale particulièrement à l'attention (*prœrogativas instantiarum*), et dont la classification, d'ailleurs très-arbitraire et très-confuse, pourrait être nommée les *Topiques de l'expérience*, appartiennent évidemment au monde extérieur et aux sciences naturelles. Les procédés qu'on indique comme les moyens les plus sûrs d'arriver à la vérité, les *tables de présence* et les *tables graduées* ne peuvent servir qu'en physique et en chimie. Enfin, tous les exemples qu'il choisit pour faire comprendre en même temps et l'application et l'utilité de ces règles, sont puisés à la même source : vous n'entendez jamais nommer autre chose que l'or, l'argent, le sucre, la soie, la boussole et la poudre à canon. On dirait une logique faite exprès pour l'Angleterre et ses manufactures.

Mais nous n'avons pas examiné la méthode expérimentale sous tous les points de vue. Il ne suffit pas de s'affranchir du préjugé ou de l'erreur, en prenant possession de son indépendance intellectuelle ; il ne suffit pas même de connaître les procédés dont l'usage doit nous conduire à la vérité ; il faut savoir à quels signes, à quelles qualités intérieures ou extérieures on peut la reconnaître. En un mot, les règles du doute et de l'observation sont insuffisantes, si l'on ne détermine aussi le *criterium* de la vérité. Descartes a bien compris la nécessité de cette dernière partie, et il lui donne une telle importance, qu'elle est aux yeux de tout le monde le caractère distinctif de sa philosophie. Il est en effet le premier qui ait reconnu, pour *criterium* de la vérité, un simple phénomène psycologique que rien ne peut constater que l'expérience. Voilà ce qui a donné à la philosophie moderne tout entière, qu'il ne faut pas confondre avec celle de nos jours, ce caractère d'individualité qui la met constamment en opposition avec les traditions politiques ou religieuses, et dont le dix-huitième siècle, trèshostile aux doctrines de Descartes, mais imbu de sa méthode, est la dernière et la plus éclatante manifestation. Cette question fondamentale de la Logique ne se présente jamais dans les écrits de Bacon, et il est permis de croire qu'elle ne s'est pas présentée davantage à sa pensée. C'est une preuve de plus qu'il n'a pas conçu la science qu'il prétendait réformer sous un point de vue assez large pour lui laisser son caractère philosophique, et qu'il n'est pas sorti du monde extérieur dont tous les phénomènes sont réputés vrais par cela seul qu'ils ont frappé nos organes. En dernier résultat, Bacon est le premier qui, dans les temps modernes, ait clairement démontré l'impuissance du syllogisme pour augmenter le nombre de nos idées, et qui ait fait sentir la nécessité de l'expérience ; mais il n'a exposé qu'imparfaitement la méthode expérimentale ; il ne l'a conçue qu'à l'état concret, comme une méthode particulière, uniquement applicable aux sciences naturelles [1]. Descartes l'a élevée à son dernier

---

[1] Gassendi l'a très-bien jugée par ces mots : *Logica Verulami tota ac per se ad physicam, atque adeò ad veritatem notitiamve rerum germanam habendam contendit..* (hist. logic., liv. 1 de ses œuvres complètes.)

degré de généralité et d'abstraction, en même temps qu'il l'a comprise dans la totalité de ses éléments : c'est seulement entre ses mains qu'elle est devenue une méthode philosophique, c'est-à-dire, universelle et complète [1]. C'est donc principalement lui que nous devons mettre en parallèle avec Aristote pour arriver au but que nous voulons atteindre.

On regarde communément ces deux hommes et les deux méthodes qu'ils représentent comme des extrêmes inconciliables, comme les deux termes d'une antithèse entre lesquels on chercherait vainement un rapport de filiation. Mais nous ne craignons pas d'avancer que cette opinion a plus de crédit que de solidité. D'abord, quand il serait démontré, contrairement à ce que nous avons dit plus haut, que Descartes était l'antagoniste déclaré de la méthode syllogistique, qu'il a fait tomber dans le mépris et dans l'oubli, personne

---

[1] Gassendi n'a pas moins bien apprécié la méthode de Descartes, car voici comme il la définit : *Auxilia ad habendam veram germanamque rerum notitiam, non tam ab ipsismet per se ac in se explorandis rebus quàm à solo ipsoque à suis duntaxat cogitatis pendente intellectu precedentum existimat.* (*Hist. log.*, liv. 1 de ses œuvres complètes).

n'osera dire qu'Aristote était l'ennemi de la méthode expérimentale. Il a bien fallu qu'il la mît en pratique pour composer son histoire des animaux et son traité sur l'âme, qui renferme une multitude d'observations dignes d'être conservées par la psychologie de nos jours. Il est vrai qu'il ne l'a pas exposée avec beaucoup de détails ; il ne l'a pas formulée avec une rigoureuse précision, comme le gentilhomme tourangeau ; mais rappelons-nous un passage des Analytiques [1], où il met l'induction tout-à-fait sur la même ligne que le syllogisme, en lui accordant des avantages équivalents, mais d'une autre nature : ce que personne ne lui contestera, je pense. Bien mieux : il veut que l'observation et l'induction précèdent le raisonnement ou le syllogisme, par la raison que le particulier nous est donné avant le général, bien que le général existe dans la réalité avant le particulier ; tel est le principe général, nous ne saurions trop le répéter, sur lequel reposent en même temps et sa Métaphysique et sa Logique, c'est-à-dire, sa philosophie tout entière. Tout ce qu'on peut dire après cela, c'est qu'Aristote

---

[1] Premières analyt., liv. 2, ch. 25.

a jugé plus à propos d'exposer les règles de la démonstration que celles de l'expérience. Or, il ne faut pas un grand effort de jugement ou d'impartialité pour voir que ces deux moyens sont également indispensables au développement de notre intelligence, et qu'ils forment réellement deux parties distinctes d'une seule et même méthode. Par conséquent, Descartes est seulement le continuateur d'Aristote; il ne peut pas être son adversaire, alors qu'il le croirait et le dirait lui-même. Mais il a mis la dernière main à la révolution intellectuelle qui s'est opérée dès le quinzième siècle; il l'a proclamée pour un fait à jamais accompli, en enseignant le moyen de trouver en soi-même, dans sa propre conscience, la solution de tous les problèmes auxquels on ne répondait autrefois que par la révélation et l'autorité religieuse.

En second lieu, les règles et les formes de la démonstration appellent nécessairement la méthode d'observation, tandis que celle-ci, en supposant même qu'elle eût pu naître la première, ne pouvait pas exercer la même influence sur l'art syllogistique. La raison en est facile à concevoir. Les résultats de l'expérience peuvent très-bien se communiquer dans l'ordre même où ils se sont présentés, et c'est ainsi qu'on les expose généralement. Après cela se présentent des questions plus graves qui ne permettent plus à l'esprit de dépenser ses forces dans l'étude stérile des formes. Si les faits qu'on a recueillis appartiennent au monde extérieur, on songe à les appliquer à nos besoins, on se hâte d'en tirer parti dans l'intérêt de l'industrie et des arts; s'ils appartiennent à la conscience, ils ne manquent pas de nous entraîner sur le théâtre bien autrement animé des passions de tous genres; ils nous forcent de prendre part à toutes les luttes, à tous les grands mouvements de l'ordre social. Mais la méthode dont Aristote est l'inventeur, en nous apprenant à ne rien admettre, à ne rien affirmer sans nécessité, et en s'appuyant pourtant sur des principes qui ne peuvent pas être démontrés, nous force par-là même à les chercher en dehors de la démonstration, à les puiser dans la conscience ou dans la nature, et à nous en convaincre par l'expérience; car tout ce qui n'est pas renfermé, comme conséquence, dans un principe supérieur, peut être constaté, au moins comme croyance, à l'aide de l'observation. Son objet pourrait être l'infini, l'absolu dans toute sa pureté et son éclat, que la croyance elle-même n'en serait pas moins un simple phénomène de conscience ; telle est, selon nous, l'origine de la méthode expérimentale, et ce qui le prouve, c'est le fait même ; c'est qu'elle n'a pu naître et prendre racine dans l'intelligence qu'après l'abus qu'on a fait de la méthode syllogistique.

Enfin, il existe encore un autre moyen de mettre en évidence le rapport de filiation et la connexion intime que nous voulons établir entre ces deux méthodes. Lorsque deux hommes viennent nous indiquer deux voies différentes et même opposées pour nous conduire à la vérité, cela revient à dire qu'ils ne croient pas notre intelligence soumise aux mêmes lois, ou qu'ils n'ont pas la même opinion sur l'ordre dans lequel se développent nos facultés. Or, sur ce point, Descartes est tout-à-fait de l'avis d'Aristote ; il reconnaît que notre esprit (*ingenium*), tout spirituel qu'il est, n'entre d'abord en exercice que par la sensation, qui, bien différente de l'impression, pourrait aussi exister sans le secours de nos organes. La sensation est suivie de la mémoire qui ne fait que reproduire les idées sensibles dans l'état où nous les avons reçues ; puis vient l'imagination, la faculté d'en produire de nouvelles par la combinaison ; enfin, la plus noble, la plus précieuse de nos facultés et la dernière à se développer, c'est l'intelligence (*intellectus purus*) qui nous donne les notions simples, absolues et les rapports qui existent entre elles. C'est l'exercice de l'intelligence qui produit la science[1]. Telle est précisément la doctrine qui est exposée dans le commencement de la *Métaphysique* et à la fin des *Analytiques*. Il est vrai que Descartes ne croit pas, comme Aristote, que toutes les idées perçues par l'intelligence ne soient que le résultat de la généralisation ou d'une abstraction médiate exercée sur les idées sensibles (*notiones materiales*) ; il en reconnaît qui dérivent immédiatement de cette faculté, ce sont les principes universels de toutes les sciences (*notiones communes*), et d'autres qui nous représentent exclusivement les phénomènes et les qualités de l'âme : ce sont les notions de conscience auxquelles il donne le

---

[1] *Regul. ad direct. ingenii*, § 79 et 80.

nom de notions intellectuelles (*notiones intellectuales*)[1]; mais, du reste, il énonce positivement le principe que nous avons cité tout-à-l'heure et qu'on trouve si souvent répété dans les œuvres d'Aristote; que l'ordre dans lequel les choses arrivent à notre connaissance n'est pas celui de leur existence : *Dicimus igitur aliter spectandas esse res singulas in ordine ad cognitionem nostram, quàm si de iisdem loquamur pro ut reverà existunt*[2].

Après Bacon et Descartes, on ne prononce plus le nom d'Aristote qu'avec des injures et des malédictions; ses œuvres sont condamnées à un éternel oubli; on plaint le passé qui les a connues, on admire ironiquement le triste courage de quiconque les connait encore, et bientôt les titres mêmes en sont ignorés. On abuse de la méthode d'expérience, de l'observation intérieure et de la pensée en général, comme on avait

---

[1] *Regul. ad direct. ingenii*, § 83. *Dicimus res illas quæ respectu nostri intellectûs simplices dicuntur, esse vel purè intellectuales, vel purè materiales, vel communes.*

[2] Ib., § 82. Cette différence est exprimée dans les œuvres d'Aristote par ces deux mots : καθ'ἡμᾶς et κατὰ φυσίν, ou bien : κατὰ γνωσιν et κατὰ λόγον.

abusé autrefois du syllogisme; autrefois, en effet, les formes extérieures de la démonstration et de l'énonciation, en un mot, toutes les figures de la réflexion ont été mises à la place de la réflexion elle-même. C'est maintenant la pensée réfléchie, ou, pour parler un langage plus en harmonie avec nos habitudes, ce sont les faits de la conscience et tout ce qui est en elle qu'on prend sans défiance pour ce qui est réellement, pour la réalité objective et absolue. Mais il y a deux éléments à distinguer dans la pensée réfléchie. La représentation et l'objet représenté qui, alors même qu'il est isolé, n'en existe pas moins dans la conscience et n'est toujours qu'un fait de la pensée réfléchie, ou simplement une pensée, comme on dit vulgairement. On conçoit facilement, après cela, que la représentation séparée de l'objet n'a aucun caractère de consistance ou de durée; c'est ce qu'on appelle un *phénomène*. D'un autre côté, l'objet séparé de la représentation est une pensée vague, insaisissable, impossible à définir, dont le nom consacré est *noumène*. De là deux systèmes opposés, dont la naissance est due à l'usage de la méthode cartésienne; c'est, d'une part, le *scepticisme sensuel* que Hume a formulé avec la dernière rigueur ; c'est, d'une autre part, le *dogmatisme intellectuel* représenté sous deux points de vue différents par Spinosa et Leibnitz. Ces deux opinions exclusives se disputent avec acharnement l'empire du monde, jusqu'à ce qu'il arrive un homme dont la mission est de leur prouver que les phénomènes et les noumènes ne sont que les deux éléments de la pensée réfléchie ou de la conscience humaine, dont l'un peut être appelé la forme et l'autre la matière, qu'on ne saurait les isoler l'un de l'autre et transporter *l'objet connu* en dehors de la pensée, pour en faire un *objet existant*, une réalité extérieure, ou un être en soi, sans détruire complètement le fait même de la *connaissance*. Nous venons d'indiquer le but et le caractère essentiel de la *méthode transcendentale*.

III.

MÉTHODE CRITIQUE

ou

TRANSCENDENTALE.

On a d'abord le droit de nous demander si l'ouvrage de Kant, que nous allons comparer à l'*Organum* d'Aristote ; si la *Critique de la raison pure* appartient réellement à la Logique. On pourrait en douter ; on serait tenté d'y chercher plutôt un système complet de Philosophie, quand on songe à l'importance et à la diversité des questions qui sont passées en revue dans ce monument célèbre. Nous laisserons à

l'auteur lui-même la tâche de résoudre cette difficulté : « Par cette critique de la raison pure,
» je me propose, dit-il, de substituer une autre
» marche à celle qu'on a suivie jusqu'à présent
» dans la Métaphysique et de faire subir à cette
» science une révolution complète, en suivant
» l'exemple des physiciens et des géomètres.
» Je n'ai donc voulu mettre au jour qu'un traité
» de la méthode et non pas un système de la
» science elle-même, dont j'ai seulement tracé
» un plan général, pour donner une idée de
» l'étendue et des parties qu'elle embrasse [1]. »
Nous ne rapporterons pas une multitude d'autres passages qui établissent le même fait ; nous ajouterons seulement, à celui que nous venons de citer, qu'un système de Logique ne peut pas être isolé, qu'il est nécessairement accompagné d'un système de psychologie. Quel est, en effet, le but de la Logique ? C'est de nous apprendre comment et dans quelles limites il faut nous servir de nos facultés intellectuelles. Mais, pour résoudre cette question, il faut évidemment savoir quelles sont ces facultés, quelle est leur

[1] Crit. de la raison pure, préf. de la douzième édit.

valeur relative, dans quel ordre elles se développent dans la conscience, de quelles sources émanent les idées qu'elles nous donnent ; en un mot, il faut au moins une analyse sommaire de la pensée, dont nous trouvons d'ailleurs de fréquents exemples dans l'*Organum* et les ouvrages de Descartes, qui traitent de la méthode. Aussi Kant est-il injuste, lorsqu'il regarde comme étranger à la science que nous venons de nommer tout ce qu'on a dit sur l'origine de nos connaissances, sur nos différents moyens de nous assurer de la vérité et les préjugés qui s'opposent à leur développement. Il lui est facile d'admettre, après cela, que la Logique n'a pas fait un pas depuis Aristote jusqu'à lui [1]. Mais son œuvre est en contradiction avec ses paroles ; car, lui aussi, pour déterminer les limites dans lesquelles doit s'arrêter la raison spéculative, il est obligé d'en faire connaître la nature et de la distinguer avec précaution de nos autres moyens de connaître, qui sont, d'après lui, la sensibilité et l'entendement. Lui aussi, il traite la question de l'origine de nos connaissances, lorsqu'il démontre

---

[1] Crit. de la raison pure, préf. de la deuxième édit.

qu'il y a des intuitions pures, des notions et des jugemens *à priori* qui ne sont que les diverses formes de la sensibilité et de l'entendement. Enfin, il s'occupe des obstacles qui s'opposent au légitime usage de notre intelligence, lorsqu'il nous signale les tendances naturelles, ou, comme il les appelle, les illusions transcendantales qui nous portent à étendre notre raison en dehors des limites de sa puissance.

Envisagée sous ce point de vue, qu'il est impossible de rétrécir impunément, la logique de Kant nous apparaît sur-le-champ comme la fille très-légitime de celles de Descartes et d'Aristote. Ces deux systèmes si différents, dont elle porte sur sa physionomie les traits les plus remarquables, elle ne s'est pas contentée de les réunir dans un ordre déterminé, comme deux éléments distincts d'un même tout organique; mais elle les a identifiés dans toute l'étendue de l'expression; elle les a comme absorbés l'un dans l'autre, et de cette opération est sorti un nouveau système au moins aussi original et beaucoup plus profond que les deux précédents. N'est-ce pas, en effet, dans l'observation de conscience, dans la pensée elle-même que l'auteur de la *Critique de la raison pure*, comme celui des *Méditations*, va chercher les premiers fondements de la certitude et de la vérité? N'est-ce pas là, par conséquent, qu'il est forcé d'établir le point de départ de la Logique, considérée dans son universalité, ou, comme nous l'avons déjà dit [1], dans son application au système général de toutes les sciences? Mais il va beaucoup plus loin que son modèle ; car Descartes, au premier phénomène qui se présente à son observation, reconnaît l'existence d'un *moi* ou d'une réalité pensante, et de là s'élance vers l'infini qui lui fait oublier la nature extérieure. Aux yeux de Kant, l'existence d'un être appelé *moi* ne repose que sur un paralogisme, et Dieu est un idéal dont la réalité ne peut être démontrée ni par l'expérience, ni par la spéculation. Une fois entré dans les profondeurs de la pensée, il y reste avec opiniâtreté ; il y perd le souvenir de son existence ; il s'anéantit, il se transforme en elle avec tout ce qui est. L'influence d'Aristote est plus évidente encore, s'il est pos-

---

[1] Voyez l'art. précédent intitulé : *Méthode expérim.*

sible; elle est, en quelque sorte, visible à l'œil et sensible à l'oreille; car toutes les règles essentielles de l'*Organum*, toutes les *figures* par lesquelles la réflexion se manifeste dans le langage deviennent ici les *formes* ou les fonctions mêmes de la pensée; formes constitutives de sa nature, qu'elle applique à tous les matériaux qui lui sont donnés par les sens; fonctions qu'elle exerce nécessairement sur les éléments fournis par l'expérience, mais dont on ne peut pas faire des réalités objectives qui existent en dehors et indépendamment de la pensée. Nous allons essayer de démontrer que la plupart de ces formes sont empruntées à l'*Organum*, mais dans un but qui les ennoblit et les élève à la plus haute dignité. Il nous sera facile de nous convaincre que l'œuvre du philosophe grec est comme un symbole du système transcendental. Chaque parole de ce symbole aura une signification profonde; elle sera interprétée par la pensée, mais non vivifiée par l'esprit; car il ne faut pas oublier qu'il n'y a nulle réalité derrière ces abstractions.

Et d'abord, le système tout entier de la logique de Kant est conçu absolument sur le même plan que la logique d'Aristote. Comme celle-ci, il se divise en trois parties, dont la première, intitulée *Analytique des notions*, a pour objet les formes les plus simples de la pensée, en un mot, les Catégories. La seconde est l'*Analytique des jugements*, dont le titre indique assez bien, au moins quant à présent, les matières quelle embrasse. La dernière est la *Dialectique transcendentale*, ainsi appelée parce qu'en nous faisant connaître les diverses formes de la raison spéculative, elle nous signale aussi les abus dans lesquels nous tombons à leur égard, l'extension illégitime qu'on est entraîné à leur donner, par l'effet d'une illusion naturelle. Nous allons examiner successivement ces diverses parties dans les limites de la question que nous avons à résoudre ; en même temps nous dirons pourquoi nous n'en reconnaissons pas davantage contre les propres paroles de l'auteur [1].

---

[1] On sait que la Critique de la raison pure se divise en deux grandes parties ; dont l'une est la science des éléments (*elementarlehre*), et l'autre la science de la méthode (*methodenlehre*). La première comprend l'*Esthétique transcendentale*, qui traite des formes de la sensibilité, et la *Logique transcendentale* qui s'occupe des formes de la pensée.

Dans le système particulier des Catégories, tel qu'il est exposé dans la *Critique de la raison pure*, nous avons plusieurs choses à distinguer : 1° les notions de temps et d'espace, qu'on appelle des intuitions pures, ou les formes de la sensibilité, et que, malgré cela, nous admettons au nombre des Catégories; 2° la classification de toutes ces notions, que l'auteur lui-même appelle de ce nom, et les divers titres sous lesquels il les a distribuées; 3° les termes particuliers, qui sont compris sous chacun de ces titres, ou les Catégories elles-mêmes, prises isolément dans les différentes classes qu'elles composent.

Sur les notions du temps et de l'espace, considérées seulement sous le point de vue subjectif, Kant est au fond parfaitement d'accord avec Aristote. Le premier les appelle des *quantités extensives* (*extensive groessen*), et le second des *quantités continues* (ποσὸν συνεχές), ce qui est absolument la même chose. Tous deux reconnaissent qu'elles ne sont pas le résultat d'une synthèse arbitraire, mais que chacune des parties dont elles se composent a sa place déterminée relativement à toutes les autres; c'est-à-dire qu'elles nous sont données dans leur totalité infinie, et qu'elles forment par conséquent deux unités : « Il n'y a qu'un seul temps et un seul espace [1]. » Peu importe après cela qu'Aristote en fasse des Catégories et Kant des intuitions pures ou des formes de la sensibilité : il est certain que ces deux éléments n'appartiennent pas plus à la faculté de sentir qu'ils ne ressemblent aux autres conceptions étrangères à l'expérience. Il serait absurde de prétendre que le temps et l'espace agissent sur nous comme les objets extérieurs ou toute autre cause capable de nous émouvoir; en un mot, ils ne parlent qu'à notre intelligence : d'un autre côté, ils n'ont pas entièrement le même caractère que les Catégories proprement dites, car ils sont divisibles, quoique l'esprit les conçoive d'abord dans leur totalité et leur unité. Mais a-t-on le droit d'en conclure qu'ils ne dérivent pas de la même faculté? Je ne le pense pas, et Kant lui-même avoue le contraire lorsqu'il prétend que le fait général, que cet acte primitif de la pensée,

---

[1] Catég. d'Arist., ch. 4. — Kant, Esthét. transcend., § 3, 4, 5. — Log. transcendent., p. 148, septième édit.

dont les Catégories ne sont que des fonctions particulières, s'applique aussi au temps et à l'espace, sous le nom de *synthèse de l'imagination* [1]. Or, où sont les éléments qui doivent être l'objet de cette synthèse? Ils ne peuvent pas être puisés dans l'expérience, puisqu'ils doivent représenter un fait *à priori*; d'un autre côté, tout fait *à priori*, tout ce qui est étranger à l'expérience et à la faculté de sentir, nous sommes obligés de le rapporter exclusivement à la faculté de penser ou à l'entendement pur. Donc, ce qu'on appelle les formes de la sensibilité rentre dans la classe des notions et des Catégories. D'ailleurs, de l'aveu même du philosophe allemand, les parties de l'espace et du temps ne sont que des limites, ou le résultat d'une pure négation [2]. Ainsi, malgré tous ses efforts pour apporter au monde une doctrine nouvelle, il n'est parvenu, sur ce premier point, qu'à reproduire la doctrine d'Aris-

---

[1] Crit. de la raison pure, § 16., p. 97-100, septième édit.

[2] *Der Raum ist wesentlich einig; das mannigfaltige in ihm, mithin auch der allgemeine Begriff von Räumen überhaupt, beruht lediglich auf Einschrænkungen* (ib. § 2, p. 20). Il en est de même du temps, § 4, p. 33.

tote, et même nous ne savons pas s'il s'en éloigne beaucoup dans le sens objectif; car l'auteur de l'*Organum* ne reconnaît nulle part une réalité correspondante aux deux modes de la pensée qui viennent de nous occuper.

La classification des notions de l'entendement, auxquelles le nom de Catégorie est exclusivement réservé dans le système de Kant, se fonde, comme on sait, sur une classification préalable des jugements. Mais celle-ci, sur quel principe s'appuye-t-elle et qui en est l'auteur? Kant ne répond nulle part à ces deux questions, dont la solution est pour nous d'une haute importance. D'abord, l'auteur ce n'est pas lui, quoique, par erreur ou par oubli, il n'en nomme pas une autre. Du premier coup-d'œil il est facile de reconnaître, dans ce tableau des jugements, le système d'après lequel ont été énumérées et analysées les diverses espèces de proposition, dans le traité de l'Interprétation et dans les prolégomènes des Analytiques. Il n'y a pas jusqu'aux noms qui ne soient restés les mêmes, à l'exception de quelques-uns, comme nous l'avons déjà démontré dans la première partie de cet ouvrage. Nous ferons seulement remarquer ici que cette identité est plus complète qu'on ne serait tenté de le croire après une comparaison superficielle. En effet, tous les jugements reconnus par la *Critique de la raison pure* sont représentés dans l'*Organum* par des propositions de même nature [1]. Celles ci, à leur tour, supposent nécessairement les Catégories d'Aristote. Ainsi, sans les idées de quantité, de qualité et de relation, aucune espèce de proposition ne saurait être conçue. La modalité n'est pas une notion simple; elle renferme le temps et l'espace, sans lesquels on ne comprend pas la distinction du contingent et du nécessaire; le sujet représente la substance; enfin, le verbe, avec ses trois formes fondamentales, exprime l'action, la passion et la situation. Kant est donc bien injuste en reprochant à Aristote de n'avoir

---

[1] Cela ne s'applique pas seulement aux jugements opposés, mais encore à ceux qui naissent de leur réunion. C'est ainsi qu'il y a une proposition *indéfinie* (λόγος ἀόριστος) qui tient le milieu entre l'affirmation et la négation, une proposition *apodictique*, et enfin une proposition *dialectique*, qui n'est pas autre chose que l'expression d'un jugement disjonctif (voy. analyse de l'*Organum* analyt.).

pas de système, dans le moment même où il accepte, avec une aveugle confiance, celui que le philosophe grec a si péniblement édifié par l'observation de la parole et de la pensée [1].

Maintenant que nous connaissons le principe de leur classification, il nous est facile de déterminer la nature et l'origine historique des Catégories elles-mêmes. Chaque espèce de proposition reconnue par Aristote exprime par elle-même, indépendamment de la signification des mots, une opération particulière de la faculté de penser ou de l'entendement. Ainsi, la proposition affirmative est évidemment l'expression d'une synthèse par laquelle nous réunissons en général une représentation à une autre. Il en est de même de la proposition négative et de toutes celles que nous avons énumérées. Ce sont autant de figures dont nous sommes obligés de nous servir pour exprimer les résultats de la réflexion. Je les appellerais volontiers les formes universelles et invariables de la parole, car elles ne changent pas avec les mots, qui en sont comme la matière ou les éléments

---

[1] Crit. de la raison pure, septième édit., p. 79.

contingents. A ces formes purement sensibles correspondent des opérations intellectuelles, également inaltérables et nécessaires, qu'on peut étudier en elles-mêmes, indépendamment du sujet sur lequel elles s'exercent, avant de connaître les matériaux qui leur sont fournis par l'expérience. Telles sont précisément les Catégories de Kant, par lesquelles on a voulu représenter toutes les formes de la pensée humaine, toutes les fonctions de l'entendement qui se réunissent et se confondent dans un acte supérieur, dans le fait primordial de *l'aperception pure*. Il n'y avait donc qu'un pas de la théorie contenue dans les premiers traités de l'*Organum* à cette doctrine des Catégories sur laquelle reposent et sont pour ainsi dire calquées toutes les parties de la philosophie transcendentale. Ainsi que nous l'avons déjà dit, elle a été produite par la fusion de la méthode psychologique de Descartes avec les formes extérieures ou les figures logiques d'Aristote; mais cette origine ne lui ôte rien de son élévation et de son indépendance.

L'analyse des notions est immédiatement suivie de celle des jugements, qui ne renferme aucun résultat nouveau, qui n'ajoute rien, pour le fond, à la doctrine des Catégories dont elle n'est qu'un appendice ou un simple commentaire. Après avoir établi que nos prétendues connaissances *à priori* ne sont que les fonctions de l'entendement ou des actes émanés du *moi* lui-même, qui, dans le système de Kant, ne peut pas être distingué du fait général de la pensée, on devait nous apprendre comment les résultats de notre activité nous semblent imposés par une force étrangère, par quel procédé, instinctif ou réfléchi, ces fonctions sont converties en données, en notions ou en idées, et dans quelles limites, sous quelles conditions il est permis d'en faire usage. Tel est précisément l'objet de cette partie, composée tout entière, comme l'auteur le dit lui-même, de *règles négatives* qui nous enseignent plutôt ce qu'il ne faut pas faire, ou les abus qu'il faut éviter pour ne pas tomber dans l'erreur, que les moyens à mettre en œuvre pour arriver à la vérité [1]. Elle n'a pas échappé plus que la précé-

---

[1] Voy. anal. des jugements, introd., p. 127 et 139, éd. cit.

dente à l'influence toute-puissante de l'*Organum*. Mais, malgré le titre dont elle est revêtue, ce n'est point dans les formes extérieures du jugement, telles qu'elles ont été comprises et classées par Aristote ; ce n'est point dans les diverses figures de la proposition que nous en trouverons la base et la véritable origine : un jugement transcendental ne ressemble pas à un jugement ordinaire ; il ne représente pas simplement le lien qui unit deux idées, mais la condition à laquelle un lien de cette nature devient légitime, mais la loi qui régit toutes nos connaissances, et quelquefois un rapport invariable entre les jugements eux-mêmes. La théorie qu'elle renferme ne saurait donc être expliquée que par celle du syllogisme et les règles du raisonnement. Or, le syllogisme, dégagé des subtilités innombrables dont il était si long-temps hérissé, considéré du point de vue le plus élevé et réduit à ses éléments indispensables, peut encore être envisagé sous trois aspects : 1° par rapport au principe sur lequel il est fondé, ou en vertu duquel il doit être admis comme un moyen légitime d'étendre nos connaissances ; car, s'il n'est pas justifié par une loi ou par une croyance fondamentale de la conscience, il faut le repousser comme un procédé arbitraire et impuissant : 2° par rapport à l'acte même, à l'opération intellectuelle qui le constitue et en représente l'essence invariable ; 3° par rapport aux forme sous lesquelles il se manifeste, soit dans la conscience, soit dans la parole : et par ces formes nous entendons, non pas les figures qui n'exercent aucune influence sur la pensée, mais les diverses espèces de syllogisme. Nous écartons pour un instant ces dernières, qui font la base d'une autre théorie, et notre attention se portera seulement sur l'acte et le principe du raisonnement déductif. Malgré le cachet d'originalité qui leur est imprimé par le langage et les idées du criticisme, il ne faut pas faire de laborieux efforts pour retrouver ces deux éléments dans le *schéme transcendental* et le *principe suprême de nos jugements à priori* [1].

---

[1] C'est entre ces deux objets que se partage l'analyse des jugements, que l'auteur divise en deux sections : La première est intitulée le *schematisme des notions de l'entendement*

D'abord le raisonnement, quand on l'examine du point de vue d'Aristote; quand on considère l'usage qu'on en fait généralement, ne représente pas, comme le jugement, un simple résultat ou une vérité acquise, mais l'acte même par lequel on y est conduit, l'opération ou l'effort qui nous aide à la trouver, si toutefois elle n'est pas perçue immédiatement par la raison ou par l'éxpérience. Ainsi que nous l'avons prouvé ailleurs [2], cet acte consiste à identifier une vérité particulière avec une vérité générale, ou, ce qui est exactement la même chose, à nous représenter le général par le particulier, l'abstrait par le concret, à l'aide d'un résultat intermédiaire. Il est exprimé par le syllogisme, et cependant il n'est ni dans la majeure, ni dans la mineure, ni dans la conclusion, ni même dans la somme de ces propositions, mais dans le lien qui les unit. Tel

---

pur, et la deuxième, *système de tous les principes de l'entendement pur*. Vient ensuite une troisième section qui n'est pas annoncée dans l'introduction, parce qu'elle est en quelque sorte le résumé des deux précédentes et de l'ouvrage entier; elle traite de la distinction des *phénomènes* et des *noumènes*.

[2] Voy. anal. de l'*Organum*, premières analyt.

est le fait essentiel qui constitue le raisonnement, et qui donne au syllogisme une forme invariable, dont les figures particulières ne sont que des modifications sans importance. Élevé à son plus haut degré de généralité, il n'est pas autre chose que le *schéme transcendental*. En effet, par ce nom bizarre, Kant n'a voulu désigner que cet acte de l'intelligence qui sert de lien ou de terme moyen entre le particulier et le général. Mais ici le général c'est la pensée elle même, représentée par les Catégories; le particulier c'est le résultat de l'expérience ou de la sensibilité; et enfin, le moyen par lequel nous réunissions des éléments si différents, ce n'est plus cet acte presque mécanique dont le syllogisme est l'expression, mais un procédé inhérent à la constitution la plus intime de l'âme humaine, et dont le secret ne sera jamais entièrement arraché à la nature [1].

Quant au principe de contradiction, qui fait la base du syllogisme, Aristote l'a formulé, avec

---

[1] *Dieser Schematismus unseres Verstandes ist eine verborgene Kunst in den tiefen der menschlichen Seele deren wahre Handgriffe wir der Natur schwerlich jemals abrathen, und sie unverdeckt vor Augen legen werden* (p. 132, édit. cit).

une admirable précision, dans le troisième livre de la Métaphysique [1]. Seulement il n'est pas là entièrement à sa place, car il ne peut rien ajouter à nos connaissances ; il n'est que le moyen de les développer et de nous préserver de l'erreur. C'est en cette qualité, c'est comme principe suprême, comme *criterium* absolu de l'analyse qu'il a été reconnu aussi dans la *Critique de la raison pure*, mais sous une forme trop exclusive et bien inférieure, dans notre opinion, à celle que lui a donnée le philosophe ancien [2]. Ce que Kant a nommé le principe suprême de tous nos jugements synthétiques n'est pas une de ces lois de la raison ou de la conscience qu'on appelle des vérités premières ; c'est une formule qui résume son système et exprime à merveille l'idée fondamentale de toute sa philosophie. Il peut être

---

[1] Τὸ γὰρ αὐτὸ ἅμα ὑπάρχειν τε καὶ μὴ ὑπάρχειν ἀδύνατον τῷ αὐτῷ κατὰ τὸ αὐτό (Métaph., liv. 3, ch. 3).

[2] A la formule d'Aristote Kant veut substituer celle-ci : L'attribut ne peut pas être en contradiction avec le sujet. *Keinem Dinge kommet ein Prædicat zu welches ihm widerspricht* (p. 139 et 140). Mais il est évident qu'elle suppose déjà la première, et qu'au lieu de gagner, elle perd en étendue, puisqu'elle ne peut s'appliquer qu'aux jugements.

exprimé en ces termes : l'expérience est impossible sans l'unité synthétique de la pensée, dont les Catégories sont autant de fonctions nécessaires ; ce qui revient à dire que les notions de l'entendement pur ne sont pas autre chose que les conditions de l'expérience.

Les différents genres de raisonnements reconnus par Aristote servent de base à la troisième et dernière partie du système de Kant, à celle qui est intitulée *Dialectique transcendentale*. Nous nous rappelons qu'ils sont au nombre de trois : le syllogistique (συλλογιστικὸς), plus vulgairement appelé le catégorique ; l'hypothétique (ὁ ἐξ ὑποθέσεως), et le disjonctif (διαίρεσις)[1]. A ces trois formes invariables de tous nos raisonnements, bien plus générales et plus réelles que les figures, correspondent autant de formes nécessaires de la pensée, autant de notions *à priori*, qui subsistent indépendamment des matériaux fournis par l'expérience, comme les figures indépendamment de la signification particulière des propositions et des mots. Mais ici la pensée et ses diverses

---

[1] Voy. anal. de l'*Organum*. — Arist., prem. analyt., liv. 1, ch. 22 et 23.

formes, sans changer absolument de nature, prennent d'autres noms et un autre caractère; elles jouent un rôle moins solide, mais aussi plus brillant que dans les parties précédentes. Ici, la pensée c'est la *raison*, et les notions de la raison sont les *idées*. Le but de la raison est d'élever toutes nos connaissances à leur plus haute unité; elle est aux résultats et aux règles de l'entendement ce que celles-ci sont à l'expérience. Une règle ou une condition étant donnée, elle les soumet en vertu d'un besoin tout-puissant, d'une nécessité inséparable de notre constitution intellectuelle à une condition supérieure, et celle-ci à une autre, jusqu'à ce qu'elle arrive à l'inconditionnel ou à l'absolu, qui n'est pas autre chose que l'unité suprême ou la totalité de toutes les conditions. Il faut donc que nous ayons *à priori*, que la pensée puise en elle-même une notion de cette unité, et c'est précisément ce qu'on appelle une idée de la raison pure. Les notions de ce genre ou les idées de la raison pure sont au nombre de trois, ni plus ni moins, comme les diverses espèces de raisonnement que nous avons distinguées tout-à-l'heure : 1° l'unité absolue du sujet, ou le *moi*, l'homme considéré comme un être pensant ; 2° l'unité absolue des conditions relatives aux phénomènes qui représentent ici les objets, et dont l'ensemble constitue la nature ; 3° la condition absolue des choses en général, ou Dieu [1]. Nous ne donnerons pas de plus grands détails sur ces résultats ; nous ne ferons pas connaître les sophismes naturels qui nous y conduisent, parce que notre but n'est pas d'exposer le système de Kant, mais de rechercher ce qu'il a conservé de celui d'Aristote. Nous nous contenterons de faire remarquer que les idées de la raison pure ne sont pas autre chose que les Catégories élevées à la plus haute puissance, mais seulement les Catégories de la relation ; car les autres ne peuvent pas arriver à l'absolu, où disparaît toute différence de quantité et de qualité, où il n'y a pas d'autre mode d'existence que le nécessaire. Par conséquent, elles n'ont pas même autant de valeur qu'à leur premier état, lorsqu'elles s'appliquent immédiatement aux données de l'expérience ; elles sont absolument vides de toute

---

[1] Dialect. transcendent., p. 274-287.

vérité objective. En un mot, l'homme, la nature et Dieu ne sont que la pensée humaine, qui, semblable à la grenouille de la fable, se travaille et se gonfle de vent pour se donner un air de supériorité et de grandeur.

IV.

LOGIQUE SPÉCULATIVE.

La Logique de Kant, encore à peine connue parmi nous, est déjà presque oubliée en Allemagne, où, dans l'espace de quelques années, elle était parvenue à une sorte de domination absolue. Elle a fait un bien immense à ce pays, en lui ouvrant, pour le consoler de l'impuissance de la raison, l'immense carrière de l'expérience et de l'action. Elle a développé dans son sein la vie et le mouvement menacés d'être étouffés par le génie de la spéculation, qu'elle a blessé à mort avec ses propres armes. Quelques-uns vont même jusqu'à soutenir qu'elle a sauvé la liberté et la nationalité allemandes. Mais, malgré ses nombreuses et solides qualités, malgré sa profondeur et sa perfection comme système, elle n'est certainement pas, comme elle en a la prétention, le degré suprême de la science et la solution définitive de toutes les questions qu'elle a soulevées. Il y a plus que cela : elle renferme dans ses doctrines les plus essentielles le principe de sa ruine et le germe d'une doctrine supérieure qui la dévore, qui l'absorbe aujourd'hui, ainsi qu'elle-même avait absorbé autrefois les deux méthodes précédentes. En effet, si l'homme, la nature et Dieu ne sont que des productions de la raison ; si, après que tout est anéanti dans la pensée, il reste encore quelque chose, c'est la pensée elle-même considérée, non pas sans doute comme la représentation de ce qui est, ou de la réalité, mais seulement comme pensée. Il n'y a donc plus deux choses à distinguer ; savoir : l'existence ou la réalité d'une part, et la pensée de l'autre ; mais la pensée est la seule réalité, et réciproquement, la réalité c'est la pensée. Or, s'il en est ainsi et si l'on prend la pensée dans sa totalité, dans son élément le plus pur, à ce degré supérieur où elle prend le nom de raison, on pourra convertir les deux propositions précédentes en celles-ci, qui ont exactement la même valeur : ce qui est rationnel est réel et ce qui est réel est rationnel. *Was vernünftig ist, ist wirklich, und was wirklich ist, ist vernünftig.* — Par conséquent, toutes les formes de la réflexion, soit intérieures ou extérieures, celles qui font la base du système de Kant ou de la logique d'Aristote, ne sont pas autre chose que les formes de la réalité et de l'existence. C'est précisément le développement, je n'ose pas dire la démonstration de cette dernière proposition qui constitue la logique *spéculative*, ainsi nommée, parce qu'elle n'est pas pratique ; elle n'est ni une méthode ni un art comme les systèmes précédents ; elle ne prétend pas nous apprendre ce que nous avons à faire pour comprendre et développer la vérité ; mais comment la vérité, la réalité ou la pensée, en un mot, comment la Divinité existe, se développe et se comprend elle-même. La logique spéculative, comme on peut le voir dès à présent, est le couronnement et la justification de tous les autres systèmes de logique ; mais en même temps, et pour cela même, elle cesse d'appartenir exclusivement à cette branche de la Philosophie; elle se confond avec la science la plus élevée qu'on puisse concevoir, avec la Métaphysique ou l'Ontologie.

La logique de Hégel comprend donc à la fois et celle de Kant et celle d'Aristote. C'est ce que nous apprenons de lui-même, lorsqu'il dit que la matière de la Logique (*das logische*) peut être envisagée sous trois points de vue : 1° le point de vue abstrait ou de l'entendement, qui a donné naissance à la logique vulgaire ; 2° le point de vue dialectique ou de la raison négative, de la raison séparée des objets, qui a donné naissance à la doctrine transcendentale ; 3° le point de vue spéculatif ou de la raison positive. Dans son opinion, ces trois points de vue ne peuvent pas donner naissance à trois parties distinctes de la Logique, encore moins à trois systèmes opposés ; mais ils représentent autant d'époques différentes dans le développement de cette réalité logique ou de cette pensée réelle (*das logisch-reele*) dont nous avons parlé tout-à-l'heure [1]. Nous pourrions ajouter que cette identification

[1] Encyclopédie des sciences philosophiques, trois. édit., p. 93, § 79.

de la Logique et de la Métaphysique n'est que l'œuvre d'Aristote, élevée à la troisième puissance : d'abord comme *symbole*, ensuite comme *pensée*, et enfin comme *réalité*.

Il nous est donc impossible, si nous voulons rester fidèles à notre sujet, si nous ne voulons pas entrer dans une sphère nouvelle et sans limites, de nous étendre beaucoup sur cette dernière transformation de la science dont Aristote nous a légué le premier monument. Il faudrait d'ailleurs, pour l'exposer d'une manière intelligible, pour en donner une analyse complète, embrasser, dans son ensemble, la philosophie de Hégel, ce qui est encore plus étranger à notre tâche et pourrait fournir la matière de plusieurs volumes. Il nous suffira d'indiquer ce que deviennent les principales formules de l'*Organum* dans le système de la logique spéculative.

Aux yeux de Hégel, cette branche de la Philosophie est la première et la plus importante, parce qu'elle est la base de toutes les autres. Il la définit : la science de *l'idée pure*, de l'idée considérée dans l'élément le plus abstrait de la pensée, ou de la pensée elle-même dans la totalité des modifications et des lois qu'elle se donne par sa propre puissance. Après l'avoir définie, il la divise en trois parties qu'il appelle : *la doctrine de l'être*, *la doctrine de l'essence et celle de la notion*.

Dans la première partie, nous assistons pour ainsi dire à la naissance de l'être. Nous le voyons d'abord *rien*, puis *devenir*, puis *exister*. Une fois arrivé à l'existence, il passe par diverses transformations, toutes bien réelles, et qui cependant ne sont pas autre chose que les Catégories de Kant et d'Aristote. Les premières sont la qualité, la quantité et la *mesure*, qui résulte de la combinaison des deux précédentes [1].

Dans la seconde partie, nous trouvons toutes les autres Catégories, sans aucune exception, et même des Catégories nouvelles engendrées par la combinaison des anciennes : nous y voyons comment l'être essentiel se développe successi-

---

[1] En allem. *das Maass*. C'est une quantité déterminée, un *quantum* (autre distinction de Kant, auquel se rattache une existence ou une qualité. Voilà pourquoi Hégel la définit, dans son langage barbare, un *quantum qualitatif, das qualitative quantum* (p. 120, § 107, ouvr. cité).

vement sous les formes de la substance et de l'identité, du phénomène et de la réalité, de la possibilité et de la nécessité, de la causalité, de la réciprocité, et, en un mot, de tout ce que nous appelons une notion simple et absolue. C'est principalement l'influence de Kant, ses classifications et son langage qu'on reconnaît dans ces deux premières parties.

Dans la troisième, nous rencontrons exclusivement et dans l'ordre même où elles nous sont parvenues pour la première fois, toutes les formes de la logique d'Aristote, la notion, le jugement et le syllogisme avec toutes ses figures, mais sur une échelle bien plus élevée, et revêtues d'une dignité que personne n'avait encore songé à leur accorder. Voici comment Hégel s'exprime à ce sujet : « Si les formes logiques n'étaient que
» les enveloppes inanimées et impuissantes de
» nos pensées, on pourrait se dispenser de les
» connaître ; elles ne formeraient qu'une histoire
» indifférente pour celui qui cherche la vérité.
» Mais ce n'est pas ainsi qu'il faut les considérer :
» elles sont, au contraire, *l'esprit vivant de la*
» *réalité, et rien dans la réalité n'est vrai*
» *que ce qui l'est par ces formes et dans ces*

» *formes*¹. » Et en effet, d'abord la notion (*der Begriff*), c'est ce qui est essentiellement libre ; c'est la puissance qui existe par elle-même ; elle est seulement une abstraction, parce qu'elle n'est pas encore la pensée dans la totalité de ses manifestations, parce qu'elle n'est pas l'idée ; mais en elle-même, elle est concrète et réelle ². Le jugement, c'est l'identité du général et du particulier ; car l'attribut n'est pas autre chose que le général ; le sujet, c'est le particulier ; et enfin la copule, c'est leur identité. Un seul exemple suffira pour faire comprendre, relativement au but que je me propose, ce que devient le syllogisme entre les mains de Hégel. Dans son opinion, la société humaine, représentée par l'État, n'est qu'un système de trois syllogismes dont chacun appartient à une figure différente.

D'abord la personne humaine, qui représente le terme mineur, se soumet à la loi ou bien au gouvernement, qui représente le terme majeur, à cause de la nature spéciale de l'homme qui représente le terme moyen. Telle est la première figure.

¹ Ouvr. cit., p. 161 et 162.
² Ibid., p. 164, § 164.

Ensuite, par la volonté individuelle de chaque personne, de chaque citoyen, la nature spéciale de l'homme, ses besoins physiques et moraux trouvent leur satisfaction dans l'ordre social, ou marchent d'accord avec le gouvernement et la loi ; ils se réunissent comme les deux termes d'une conclusion. Telle est la seconde figure.

Enfin, la société, la loi ou le gouvernement deviennent à leur tour le moyen par lequel l'individu peut conserver sa nature morale et sociale, ou la nature humaine se réaliser, se conserver dans l'individu [1].

On explique de la même façon le système du monde, le mouvement et l'organisme ; en un mot, tout se fait, se maintient, se développe par jugement et par syllogisme, après avoir été renfermé d'abord dans la notion ; ou, pour me servir du langage énergique et tranchant de l'auteur, *tout est une notion, tout est un jugement, tout est un syllogisme* [2]. Quand la pensée a traversé toutes ces formes, autrefois stériles et glacées, mainte-

---

[1] Ouv. cit. § 190, p. 194.
[2] *Alles ist Begriff* (p. 175). *Alle dinge sind ein Urtheil* (p. 168, § 167.) *Alles ist ein Schluss* (p. 178).

nant si animées et si fécondes; quand elle est arrivée par ses propres efforts et sa puissance infinie à son dernier terme de développement, alors elle prend le même nom que dans le système de Kant : elle est l'*Idée*. Mais loin d'être une abstraction vide, entièrement séparée des choses; loin d'être le contraire de la réalité, l'*Idée*, aux yeux de Hégel, est la réalité par excellence et la seule réalité; elle est la vérité absolue qui a conscience d'elle-même, le vrai en soi et pour soi; elle est l'identité du sujet et de l'objet, de l'idéal et du réel, du fini et de l'infini, de l'esprit et de la matière, du contingent et du nécessaire, et de tout ce que l'entendement ou la logique ordinaire nous représente comme opposé ou contradictoire. Elle est l'éternelle création; elle se développe éternellement selon les règles de la Logique [1]; elle est l'esprit et la vie éternels. Il n'y a qu'une idée, c'est Dieu [2]. En voilà assez et peut-être trop pour justifier ce que nous avons dit plus haut du caractère général de la Logique spéculative et de

---

[1] C'est ce que Hégel veut dire par cette expression qui se présente si fréquemment dans ses œuvres (*dialectischer process*).

[2] Voy. Encyclop. des sciences philos., p. 205 et seq.

l'influence qu'ont exercée sur elle les trois systèmes précédents. Maintenant, il est temps que nous fassions connaître en peu de mots les conséquences à la fois spéculatives et pratiques, le résultat dernier auquel nous ont conduit et l'analyse du système d'Aristote et l'étude historique des diverses transformations qu'il a subies depuis le temps où il a paru dans le monde jusqu'à nos jours.

Conclusion.

Les quatre grands systèmes qui viennent de passer sous nos yeux, dans leur ordre de succession chronologique, peuvent être considérés à la fois, et comme autant d'*éléments* et comme autant de *transformations* nécessaires d'une seule et même science : tel est, en trois mots, notre propre système.

Et d'abord, comme transformations, ils nous présentent une gradation admirable ; ils nous montrent comment l'humanité s'élève lentement de la sensation à l'action, de l'action à la réflexion ou à la pensée, et de là seulement à l'essence des choses. La sensation est représentée par le système d'Aristote, qui exprime par des figures, par des symboles presque matériels, les conditions auxquelles nous arrivons à la vérité. L'action est représentée par Descartes qui résume tous les moyens d'atteindre à la vérité dans l'observation, c'est-à-dire, dans l'usage même de notre activité intellectuelle. Kant, réduisant à de simples formes de l'intelligence ce que l'on prenait avant lui pour la vérité elle-même dans son caractère le plus pur et le plus élevé, est la personnification du moment de la réflexion ou de la pensée. Enfin, Hégel a transformé la pensée elle-même en réalité.

De plus, chacune de ces quatre transformations est parfaitement en harmonie avec le caractère national du philosophe qui en est l'auteur. Celui qui nous a fait présent de la méthode syllogistique appartenait au peuple grec, essentiellement artiste, dévoué par instinct à la culture des formes, admirateur passionné de la beauté extérieure. La méthode d'observation que nous avons tout-à-l'heure identifiée avec l'action, mais qui représente aussi l'esprit de conquête et d'indépendance, qui le représentait surtout à l'époque où elle vint détrôner le syllogisme; la méthode expérimentale, considérée sous un point de vue philosophique, a été introduite dans le monde par un Français. A l'Allemagne, qui se nourrit d'abstractions et dont la vie est tout intellectuelle, appartenait la gloire d'avoir produit en même temps la méthode transcendentale et la logique spéculative. Nous pourrions ajouter que l'*Organum* de Bacon ne représente pas mal le génie industriel de l'Angleterre.

Enfin, ces diverses transformations se sont identifiées dans la dernière, ou, pour rendre mes expressions aussi générales que ma pensée, les plus récentes ont absorbé les plus anciennes, les ont confondues entre elles et sont nées de cette confusion avec un caractère aussi général que la première. Ainsi, la logique de Descartes est obligée de conserver celle d'Aristote, si elle ne veut pas que ses résultats soient perdus, que ses plus belles et ses plus riches découvertes, que les lois générales demeurent sans application. De l'identification complète de ces deux systèmes est née, comme nous savons, la logique transcendentale. Enfin, tous sont absorbés et vont se perdre dans la réalité logique de Hégel.

Les résultats purement *théoriques* ne sont que

le résumé des faits que nous avons exposés ; ils n'ont donc pas besoin d'autre démonstration. Mais il ne faudrait pas en conclure que le dernier système est le seul vrai, le seul complet et qu'il doit faire oublier les trois autres. Nous pensons, au contraire, que tous doivent être conservés comme autant d'éléments indispensables d'une seule et même science : tel est notre résultat *pratique*, également fondé sur l'histoire, qui est à mon avis la meilleure et la plus infaillible de toutes les critiques. Quelques mots suffiront pour l'expliquer et le justifier.

Quand l'homme fut parvenu à un degré assez élevé de réflexion et de lumière, après plusieurs tentatives énergiques pour résoudre des problèmes qui l'intéresseront éternellement, voyant qu'il n'était encore arrivé qu'à de faibles découvertes, la question suivante s'est naturellement présentée à son esprit et ne pouvait pas ne pas se présenter : avant de chercher la vérité, ne faut-il pas savoir sous quelles formes elle peut se montrer à nous, à quelles conditions on peut la trouver ? Dès lors a paru sur l'horizon du monde intellectuel une science inconnue jusqu'alors, qui porte aujourd'hui le nom de Logique. La pensée fut donc obligée de se détacher progressivement des objets pour se donner en spectacle à elle-même. C'est un immense progrès de la réflexion, qui au fond n'est pas autre chose que la Philosophie.

La Logique n'est pas complète, elle ne satisfait pas au noble besoin qui lui a donné naissance, tant qu'elle n'a pas répondu à ces quatre questions : 1° Quelles sont les formes extérieures de la vérité, les formes sous lesquelles on peut la reconnaître dans la parole ? 2° Quels sont les actes de la pensée qui nous en donnent la possession intérieure ? 3° Ce que nous prenons pour elle, ce que nous regardons comme la vérité objective en elle-même est-il autre chose que les actes mêmes ou les fonctions nécessaires de la pensée ? 4° La pensée est-elle donc si différente de la vérité ou de la réalité ; l'une peut-elle être séparée de l'autre ? L'une et l'autre ne sont-elles pas la même chose ? Chacun des systèmes que nous avons exposés répond catégoriquement et en toute vérité à l'une de ces questions, mais il n'est pas en sa puissance de résoudre les trois autres. Par conséquent, la vraie Logique, une logique complète et impartiale, doit les embrasser tous intégralement, en rejetant seulement ce qu'elles ont de négatif et d'exclusif, et en les laissant dans l'ordre même selon lequel ils ont paru successivement sur la scène de l'histoire. Telle doit être la logique de nos jours. A nous, enfants du dix-neuvième siècle, à recueillir avec reconnaissance l'héritage de nos pères, sans les imiter dans leurs dissentions, sans renouveler leurs combats et leurs haines ; ne leur en voulons pas même pour cela, car, ayant traversé moins de siècles, leur horizon philosophique ne pouvait pas être aussi étendu que le nôtre. C'est aussi à la France qu'il appartient d'accomplir cette œuvre de générosité et de vérité, sans soumettre sa noble intelligence au joug de l'étranger, si l'étranger se présente avec des vues de domination et d'exclusion, avec des prétentions aussi ridicules, par exemple, que celles de Hégel, avec un mépris aussi injuste que celui qu'il affecte pour toutes les autres méthodes. Ne soyons ni Grecs, ni Allemands, ni Écossais ; ne soyons ni spéculatifs, ni transcendentalistes, ni empiristes ; encore moins faut-il retourner à la vieille syllogistique ; mais que tous ces éléments soient fondus dans un seul tout : ils ont besoin les uns des autres, et ne peuvent soutenir l'épreuve de l'histoire, la meilleure de toutes les critiques, qu'en se prêtant un mutuel appui.

Par conséquent, la logique d'Aristote doit être conservée, et conservée tout entière dans la logique de l'avenir. Outre qu'il a créé la langue de cette science et de la philosophie considérée dans sa totalité ; outre que nous ne pouvons pas exprimer une seule idée relative à cette sphère sans nous servir de sa terminologie, les formes qu'il a décrites avec tant de précision sont encore un moyen d'analyser la pensée elle-même. Les règles de sa dialectique sont remplies de finesse, et en nous montrant à découvert les subtilités que l'amour-propre met à la place de la vérité, elles nous apprennent à les éviter. Mais, pour cela, il n'est pas nécessaire de faire reparaître ces formes dans le langage et de ressusciter ces habitudes pédantesques dont la science est si heureusement délivrée. Il faut les étudier comme phénomènes philosophiques, comme objets de la pensée, et les repousser à jamais comme formes littéraires.

FIN.

TABLE DES MATIERES.

	PAGES
Préface.	v
Analyse de l'Organum d'Aristote. — Idée générale de cet ouvrage.	17
Des Catégories.	24
De l'Interprétation.	44
Des Analytiques.	56
Premières Analytiques.	66
Deuxièmes Analytiques.	100
Des Topiques.	131
Des Arguments Sophistiques.	174
De la Logique après Aristote. — Introduction.	191
I. Méthode Syllogistique, Épicure, les Stoïciens, les Philosophes scholastiques.	201
II. Méthode expérimentale, Bacon et Descartes.	250
III. Méthode critique ou transcendentale, Kant.	274
IV. Méthode spéculative, Hégel	298
Conclusion	309

FIN DE LA TABLE.

www.ingramcontent.com/pod-product-compliance
Lightning Source LLC
Chambersburg PA
CBHW071654160426
43195CB00012B/1467